NOUVEAU THÉATRE

DE

GUIGNOL

LEMERCIER DE NEUVILLE

NOUVEAU THÉATRE DE GUIGNOL

PREMIÈRE SÉRIE

PARIS
LE BAILLY, ÉDITEUR
O. BORNEMANN, SUCCESSEUR
15, RUE DE TOURNON, 15

NOUVEAU THÉATRE
DE
GUIGNOL

NOTICE

Un des grands plaisirs de l'enfance est sans contredit le théâtre Guignol, qui, à Paris, tient ses assises aux Champs-Élysées et dans plusieurs autres jardins publics. Cet engouement s'explique par la vitalité des personnages animés par les doigts de l'opérateur, bien plus que par le texte des pièces jouées, que l'on n'entend généralement pas, et dont par conséquent il est assez difficile de suivre l'action. On comprend en effet que les voix qui sortent de ce petit théâtre en plein air n'arrivent pas très distinctes au dehors; aussi les *casteliers*, — on nomme ainsi les artistes qui font jouer les guignols,

— en prennent-ils à leur aise et interprètent-ils à leur convenance les pièces de leur répertoire. Ces pièces, du reste, sont de leur cru ; toujours naïves et souvent grossières, aucune censure n'a passé par là et la morale et le bon goût n'y sont guère respectés. Ce qui en fait la drôlerie, c'est la bastonnade perpétuelle que subissent l'un après l'autre les personnages et dont se réjouissent les enfants.

Elles existent cependant, ces pièces, et sont même très amusantes ; mais pour l'enfance elles ont un très grand défaut : c'est qu'elles sont écrites en patois lyonnais dans le répertoire de Lyon, et en argot parisien dans celui de Paris. Sans doute, les expressions bizarres amènent le rire, mais elles ne sont pas toujours châtiées et l'enfant qui les retient en garde un fâcheux souvenir.

Le théâtre Guignol, passé de la rue au salon, n'a donc pas encore de répertoire convenable. Il y a bien un théâtre de Guignol édité par Le Bailly dans un format populaire, mais il reproduit des pièces du théâtre Lyonnais, modernisées il est vrai, et cependant contenant encore assez de patois pour que l'auteur ait été obligé de terminer le volume par un glossaire. Une autre publication remplit mieux le but ; mais l'ouvrage ne contient que six pièces et leur exécution demande le concours de plusieurs personnes. Or ceci est une difficulté.

Avec les petits théâtres de Guignol qui se vendent

chez les marchands de jouets, il est difficile de se tenir plusieurs dans la baraque. Quand il y a trois personnages en scène, il faut nécessairement deux opérants ; devant l'impossibilité d'être deux à faire mouvoir les guignols, l'enfant se dégoûte du jeu et l'abandonne. Il s'agit donc de supprimer cet obstacle. Il y en a un autre, non moins important : c'est l'ignorance absolue que l'on a de présenter les guignols, de les faire agir, de les rendre vivants. En général on les présente toujours trop bas, car on ne voit que leur tête, on les fait se bousculer, et très souvent, dans les bastonnades, on n'aperçoit que le bâton.

Dans ce nouveau répertoire, nous avons cherché à remédier à tous ces défauts. Nos pièces sont gaies, mais châtiées ; elles peuvent être jouées par une seule personne et nous en donnons tous les moyens ; enfin nous les faisons précéder d'indications techniques qui permettront aux amateurs d'être aussi savants dans cet art que le premier castelier venu.

I

COMMENT TIENT-ON UN PERSONNAGE

Dans un volume publié en 1881, LES PUPAZZI DE L'ENFANCE, nous avons décrit la manière de tenir les guignols. Voici ce que nous disions :

« Le guignol est un animal dont on trouverait difficilement la classe dans l'Histoire naturelle. En effet, il n'a qu'une tête et deux mains ; le reste du corps n'existe pas. Mais il a un vêtement, ce que n'ont pas les animaux. La tête et les mains sont troués, intérieurement, de la grosseur du doigt. Tel qu'il est, il est inerte, sans physionomie, sans voix. Mais si vous voulez l'animer, glissez votre main droite sous sa robe, fourrez votre pouce dans sa main gauche, votre doigt indicateur dans sa tête, et le doigt médius dans sa main droite ; redressez-le, levez le bras et remuez vos doigts, et vous verrez de suite l'animal en question, le guignol, vivre et prendre une physionomie. C'est votre main qui remplace son corps absent et qui devient son âme, sa volonté aux yeux des spectateurs, de même que votre voix va devenir la sienne.

» Cela vous semble bien facile, vos doigts entrent aisément dans les trous ménagés, et, en regardant le guignol, vous lui faites faire, sans difficulté, les gestes les plus bouffons. Mais il ne s'agit pas de vous, ce n'est pas vous qu'il va falloir amuser, c'est votre public. Il faut maintenant présenter votre personnage aux spectateurs. C'est plus difficile. Vous avez votre personnage au bout des doigts ; bien.

» Relevez votre doigt indicateur qui supporte la tête, de façon à ce qu'elle soit bien dégagée ; maintenant écartez en les baissant le pouce et le médius. Là ! voici votre personnage campé.

» Baissez le doigt indicateur : — Il salue.

» Relevez le doigt indicateur et rapprochez à plusieurs reprises le pouce et le médius : — Il applaudit.

» Tous les gestes peuvent être imités à l'aide de ces trois doigts.

» C'est le doigt indicateur (la tête) qui donne la physionomie. Les deux autres la soulignent. Ils servent aussi à porter et à prendre les objets.

» Mais la main humaine a cinq doigts. Que deviennent les deux autres : l'annulaire et le petit doigt ? Eh bien, ceux-là restent passifs, repliés implacablement contre la paume de la main. C'est là une grande difficulté qu'on ne surmonte qu'à la longue. Si on les laissait libres, ils relèveraient les vêtements des personnages et nuiraient à l'illusion en leur donnant un ventre exagéré.

» Il est important aussi de s'habituer à tenir les guignols de la main gauche. Comme le niveau de la scène de votre théâtre est à la hauteur de votre tête, il faut nécessairement lever vos bras de façon à ce qu'on voie notre personnage au moins à mi-corps. C'est un peu fatigant, mais les pièces sont peu longues et l'on peut toujours appuyer un moment le poignet sur la tablette du devant du théâtre.

» Avec ces premières données, tout le monde peut, en peu de temps, après quelques répétitions, jouer une pièce de guignols. »

II

COMMENT ON LE FAIT VIVRE

Vous savez maintenant comment on crée un personnage avec un morceau de bois et un bout d'étoffe; mais vous ignorez encore comment on le rend humain, c'est-à-dire comment on lui fait faire des gestes qui rendent des idées. Ces gestes, évidemment, ne seront pas entièrement semblables à ceux de l'homme, le guignol ne possédant que des moignons, — ses bras n'étant pas coudés, — mais, néanmoins, il est possible de lui faire exprimer la plupart des sentiments humains. Il ne faut pas oublier que la tête du personnage n'a d'autre physionomie que celle que lui a donnée le sculpteur et que, par conséquent, elle ne peut traduire les divers mouvements de l'âme. Ce sont donc les bras qui s'en chargeront.

Tout d'abord il faut se pénétrer de cette idée que chaque main qui soutient un personnage est le personnage lui-même, que le mouvement donné par cette main est pour ainsi dire son âme et par conséquent que les deux doigts moteurs sont ses bras. Ceci acquis voici les principaux gestes du guignol.

La douleur : — Il ramène ses deux moignons sur sa face, pendant que le poignet fait des mouvements saccadés de bas en haut.

Le rire : — Même geste, mais en écartant les moignons à diverses reprises comme s'il applaudissait. Le rire fou s'exprime en faisant en outre se rouler le guignol sur la tablette ; il se gondole, comme on dit vulgairement.

L'effroi : — Baissez légèrement la tête et relevez les moignons derrière en les écartant.

L'étonnement : — Se traduit de même, mais la tête relevée.

La méditation : — Relevez un seul moignon sur la face.

La colère : — Baissez la tête, les moignons en avant.

Le salut : — Se fait majestueusement en baissant le poignet avec un mouvement saccadé, à plusieurs reprises.

Les autres gestes dérivent de ceux-là et l'opérant saura bien les trouver.

Le travail du bâton demande une certaine habileté. Le bâton doit être saisi fortement par le pouce et l'annulaire, de sorte qu'il est tenu en biais et repose sur l'épaule du personnage. Il faut avoir bien soin de ne frapper que sur la tête, car plus bas on rencontrerait la main, qui pourrait s'en ressentir. — Un duel au bâton est très divertissant, mais il faut qu'il soit bien réglé, avec des passades, des corps à corps et des reculs simulés. Un opérant habile peut aussi jeter son bâton en l'air, le rattraper et faire des moulinets. Tout cela demande de l'exercice et de la pratique, mais les acteurs véritables font bien des répétitions, pourquoi les guignols ne les imiteraient-ils pas ?

Ce que nous disons du bâton s'applique aussi aux autres armes réelles ou de fantaisie, telles que balais, casseroles, plumeaux, vessies au bout d'un baton, etc...

Quoique la tête du guignol, sculptée dans du bois plein, soit assez lourde, il faut s'habituer à la tenir droite; le personnage doit se voir à mi-corps, c'est-à-dire qu'il faut que la base du poignet soit à la hauteur de la planchette. En cas de fatigue, le poignet s'appuie sur la planchette, mais il ne faut pas abuser de ce moyen de repos, car le guignol doit être léger, sans cesse en mouvement, autrement il ressemblerait à une poupée.

Quand vous faites entrer un personnage en scène, ayez soin, s'il vient du fond, de tenir votre bras très levé, car l'éloignement du bord de la scène serait cause que l'on ne verrait que sa tête, et, quand vous le faites sortir, ne l'abaissez que lorsqu'il est bien caché par la coulisse.

Chaque théâtre de Guignol est muni d'une petite planchette intérieure placée à peu près à la hauteur de la ceinture de l'opérant. C'est là qu'il place les personnages qui doivent entrer et ceux dont il vient de se servir. Il y met aussi les accessoires dont il a besoin; or, il est important qu'il puisse aisément les trouver au moment voulu. Il faudra donc qu'il les dispose du côté où la main doit les prendre. Si, par exemple, un personnage sorti par la droite doit rentrer par la gauche, il le déposera à gauche pour que sa main gauche puisse le prendre sans difficulté.

Le dégagement des doigts d'un Guignol n'est pas toujours facile à cause de la transpiration, et puis parce que l'autre main n'est pas là pour y aider; en ce cas on n'hésitera pas à mettre le Guignol entre ses jambes qui serviront de pinces. Tous les trucs sont bons pourvu qu'on réussisse.

Il arrive aussi qu'un personnage placé sur la main droite doit sortir par la gauche; ce jeu de scène oblige l'opérant à se retourner; alors le personnage de la main gauche suit le premier à distance comme s'il l'accompagnait à la porte et ce mouvement paraît naturel.

Les accessoires se prennent forcément avec les deux moignons, on les appuie contre la paume de la main qui fait la poitrine du Guignol, afin de ne pas les laisser échapper. — Les pièces de monnaie, les petits objets, croix, médailles, etc., que se donnent les personnages entre eux n'existent pas ; d'abord le public ne les distinguerait pas, puis il serait impossible de les prendre. Le geste seul du Guignol doit les désigner.

Voilà, ce nous semble, toutes les indications indispensables au maniement des guignols ; l'intelligence des amateurs suppléera certainement aux oublis que nous avons pu faire.

III

ACCESSOIRES. — DÉCORS. — COSTUMES

C'est encore à l'intelligence et à l'habileté des petits amateurs que nous devons faire appel. Tous les accessoires ne se trouvent pas dans le commerce, il faut les confectionner. Ceux qu'on trouve n'ont pas souvent la proportion voulue, il est utile de remédier à tout cela. Il en est de même des décors, qui demandent parfois des modifications. Mais cela ne saurait être un obstacle pour l'amateur de guignol; il trouvera au contraire un certain plaisir à être le machiniste et le décorateur de son théâtre et, s'il ne sait ni dessiner ni peindre, ces modifications, en tous cas, ne lui coûteront pas cher.

Les batons qu'on fait soi-même avec un manche à balai en bois blanc, doivent être longs de 22 centimètres au plus; afin qu'ils résonnent sur la tête, lorsqu'on s'en sert, on doit les scier en croix dans le sens de leur longueur sur une étendue de huit centimètres de chaque côté.

Tous les guignols, servant à représenter les pièces de cette publication, et dont nous donnons plus loin la liste, se trouvent dans le commerce ; mais comme il en faut un certain nombre (vingt-six), tout le monde ne consentira peut-être pas à les acheter. En ce cas on se procurera seulement les têtes et les mains et l'on fera faire les costumes chez soi. On pourra aussi n'acheter que les personnages de la pièce qu'on veut représenter.

L. Lemercier de Neuville.

COMPOSITION DE LA TROUPE ET DU MATÉRIEL DU THÉATRE DE GUIGNOL

Pour les pièces contenues dans cette publication.

PERSONNAGES

1. Cassandre.
2. Guignol.
3. Pierrot.
4. Polichinelle.
5 Arlequin.
6. Scapin.
7. Gnafron.
8. Gendarme.
9. Brigand.
10. Brigand.
11. Madelon.
12. Commissaire.
13. Marquise.
14. Marquis.

15. Soldat.
16. Concierge.
17. Cuisinier.
18. Juge.
19. Jeune bonne.
20. Portière.
21. Vieille femme.
22. Petit garçon.
23. Ouvrier.
24. Paysan vieux.
25. Jeune paysan.
26. Le Diable.

ACCESSOIRES

Banc.
Buffet.
Table.
2 assiettes.
2 verres.
2 bouteilles.
2 bâtons.
Vase de nuit.
Paquet de balais attachés.
Balai, seul.
Paquet d'effets.
Tire-pied.
Canne à pêche.
Epuisette.
Panier.
Savate.
Bonnet de coton.
Casserole.
Chaussette.
Guenille.
Hareng-saur.
Nappe.
Petit chandelier et bougie.
Potence avec corde.
2 sabres.
2 pistolets.
3 sacs en toile.
2 petits sacs de pommes de terre.
Papillon en papier monté sur fil de fer.
Petit Journal.
Paquet de tabac.
Boîte au lait avec plâtre ou poudre d'albâtre.

DÉCORS

Chambre ou salon.
Place publique.
Forêt.
Prison.
Rustique.

I

UNE AFFAIRE D'HONNEUR

I

UNE AFFAIRE D'HONNEUR

Personnages :

BOUDACIER, professeur d'escrime.
GUIGNOL.
CADET.

UNE PROMENADE. *Maison de Boudacier à gauche.*

SCÈNE PREMIÈRE

BOUDACIER, GUIGNOL

GUIGNOL, *entrant.*

Excusez, la compagnie! C'est bien ici monsieur le professeur Boudacier?

BOUDACIER

Boudacier, Théodore, maréchal des logis retraité, actuellement professeur de pointe, de contre-pointe, de bâton et de maintien, c'est moi ! Qu'y a-t-il pour votre service ?

GUIGNOL

Je suis Guignol !

BOUDACIER

Ah ! vous êtes Guignol ! Eh bien ?

GUIGNOL

Vous ne me connaissez pas ? C'est étonnant ! Tout le monde me connaît. Eh bien, monsieur, je suis Guignol et je vais me marier avec Madelon ! Vous ne connaissez pas Madelon ? C'est une femme...

BOUDACIER

Je m'en doute ! Je connais bien des femmes, mais je ne connais pas Madelon.

GUIGNOL

Eh bien, c'est une femme...

BOUDACIER

Vous me l'avez déjà dit !

GUIGNOL

C'est une femme charmante, que j'aime beaucoup, et je crois que, de son côté, elle me le rend bien, sans me flatter.

BOUDACIER

Eh bien, mariez-vous ensemble ! Ça ne me regarde pas !

GUIGNOL

Au contraire, ça vous regarde ! Vous allez voir ! Comme Madelon est une jolie femme, on la regarde beaucoup et on lui fait la cour.

BOUDACIER

Je comprends ça !

GUIGNOL

Et parmi ses soupirants, il y a un certain Cadet Pampan, qui est plus pressant que les autres. Madelon ne peut pas s'en débarrasser, il est toujours sur ses pas.

BOUDACIER

Eh bien ! c'est à vous à le remettre à sa place.

GUIGNOL

C'est bien ce que Madelon m'a dit. Et elle a dit aussi qu'elle ne se marierait avec moi que lorsque j'aurai donné une leçon à Cadet Pampan !

BOUDACIER

Elle a raison ! Vous le provoquez, vous vous battez, vous le tuez ; et c'est fini ! Vous vous mariez après

GUIGNOL

C'est bien cela ! Malheureusement, je ne sais pas me battre.

BOUDACIER

Ah ! ah ! Et vous venez chez moi pour que je vous apprenne ?

GUIGNOL

Précisément !

BOUDACIER

Êtes-vous riche ?

GUIGNOL

Oh ! j'ai bien un petit avoir ! Je vous donnerai quarante sous pour votre leçon.

BOUDACIER

Pour quarante sous, vous ne saurez pas grand'-chose.

GUIGNOL

Allons ! je mettrai vingt sous de plus !

BOUDACIER

C'est bien peu ! Mais enfin, si vous avez des dispositions...

GUIGNOL

Je ne sais pas ! Mais je veux m'en débarrasser à tout prix.

BOUDACIER

Vous avez du courage ?

GUIGNOL

Oh ! je crois bien ! Un petit peu !

BOUDACIER

Eh bien, nous allons voir ! Prenez-moi ce sabre, j'en prends un autre. Je vais vous attaquer et vous allez vous défendre.

GUIGNOL

Vous n'allez pas me faire mal ?

BOUDACIER

Ah ! si vous avez déjà peur ! Allons ! en garde ! (*Il évolue avec son sabre.*) Voici le coup de manchon ! Une, deux ! Voici le coup de pointe ! Une ! Allons ! Fendez ! Allongez le bras, dégagez ! Une, deux ! Rompez !

GUIGNOL

Aïe ! aïe ! aïe ! je n'en puis plus !

BOUDACIER

Ce n'est rien, cela ! Vous vous y ferez ! Reprenons ! Une, deux ! Fendez, couvrez-vous ! Allons donc ! Une, deux ! dégagez ! (*Ils ferraillent.*)

GUIGNOL

Je ne tiens plus mon sabre !

BOUDACIER

Vous êtes une poule mouillée ! Vous vous ferez embrocher comme un poulet si vous n'êtes pas plus vigoureux ! Allons, encore ! Une, deux ! une, deux ! (*Ils ferraillent.*)

GUIGNOL

Ah ! je n'en puis plus !

BOUDACIER

Allons! reposez-vous! Je reviendrai tout à l'heure! Songez que quand on a l'honneur d'être l'élève du professeur Boudacier, on n'a pas le droit d'être une mazette! (*Il rentre chez lui.*)

SCÈNE II

GUIGNOL

C'est fatigant! Mais ce n'est pas bien difficile! Je crois bien que j'y arriverai tout de même. Voyons! essayons tout seul! Une, deux! Fendez! C'est cela! Je fends! Rompez! Je rompre!... Ah! mais je commence à m'y reconnaître. Ah! bien, il ne faudra pas qu'on me marche sur le pied maintenant! Une! deux! Une! deux! (*Il ferraille en l'air en arpentant la scène et frappe Cadet qui entre.*)

SCÈNE III

GUIGNOL, CADET

CADET

Oh! là! là! faites donc attention, maladroit. (*A part.*) Tiens, c'est Guignol!

GUIGNOL, *à part.*

Tiens, c'est Cadet! Il n'a pas pris de leçon, lui! L'occasion est bonne!

CADET, *à part.*

Ah çà ! est-ce qu'il viendrait prendre des leçons d'escrime chez Boudacier ?

GUIGNOL

Il me semble que tu viens de m'appeler maladroit ?

CADET

Moi ! je ne m'en souviens pas !

GUIGNOL, *à part.*

Il recule ! Il a peur ! (*Haut.*) Moi, j'ai fort bien entendu ! Tu m'as appelé maladroit, et ceci m'a tout l'air d'une provocation.

CADET

Du tout ! Du tout ! (*A part.*) Il faut qu'il se sente bien fort pour faire ainsi le brave !

GUIGNOL

C'est que je ne me laisserai pas insulter ainsi !

CADET

Mais je ne t'ai pas insulté.

GUIGNOL

Pardon ! pardon ! je sais ce que je dis ! Du reste, il y a assez de temps que tu m'échauffes les oreilles ! Ton insistance auprès de Madelon ne me convient pas du tout et je te prie de ne pas la continuer.

CADET

Mais, je suis poli avec elle, voilà tout.

GUIGNOL

Ne réplique pas ! Je te dis que si tu continues à lui parler comme tu fais, je te ferai passer un mauvais quart d'heure !

CADET, *à part.*

Décidément, s'il est si brave, c'est qu'il a appris à se battre.

GUIGNOL

Tu as cru peut-être que parce que je ne disais rien, c'est que j'avais peur de toi ! Tu te trompes, mon garçon !

CADET

Mais je n'ai pas cru cela, je te jure !

GUIGNOL

Je suis fort ! Très fort ! Encore plus fort que ça. (*Il fait des moulinets avec son sabre.*)

CADET

Prends donc garde ! Tu vas me blesser !

GUIGNOL

Tu vois bien ! Tu as peur de moi !

CADET

Non, mais tu fais des évolutions avec ton sabre ! Tu pourrais m'attraper sans le vouloir.

GUIGNOL

Sans le vouloir ! Écoute, Cadet, et fais bien attention à ce que je vais te dire. Si tu ne veux pas cesser tes visites à Madelon, si tu as l'air de me narguer, si tu me dis la moindre insulte! prends garde à tes oreilles!

CADET

Oh! oh!

GUIGNOL

Et ne réplique pas, ou je vais te les couper tout de suite. J'ai dit! (*A part.*) Maintenant que je l'ai averti, il se tiendra tranquille. Allons dire à Madelon qu'elle n'a plus rien à craindre de lui! (*Haut.*) Tu m'as entendu? j'ai l'œil sur toi. (*Il sort.*)

SCÈNE IV

CADET

Sapristi! Il n'y va pas par deux chemins! Je ne le croyais pas si brave que cela. Après cela, il se vante peut-être! Si je l'avais un peu brusqué, il aurait peut-être reculé! Il y a comme cela de ces bravaches qui jettent de grands cris, qui font les batailleurs quand ils voient qu'on ne leur répond pas et qui sont bien petits quand il s'agit d'en découdre! Au bout du compte, j'ai bien le droit de faire la cour à Madelon si ça me plaît; je serais un aussi bon mari que Guignol. C'est vrai qu'elle n'a pas l'air de m'encourager, mais, avec de la patience, j'arriverais peut-être à être préféré! Ah! si je pouvais lui en-

2

dommager son Guignol, elle ne l'aimerait peut-être plus autant! Mais pourquoi pas? Je puis bien prendre aussi des leçons d'escrime! Pour de l'argent, Boudacier m'en donnera tant que je voudrai, et puis je ne suis pas plus maladroit qu'un autre. Essayons! (*Il va à la porte de Boudacier.*) Monsieur Boudacier! Monsieur Boudacier!

SCÈNE V

CADET, BOUDACIER

BOUDACIER

Qu'es-ce qu'il y a? Que voulez-vous?

CADET

Monsieur Boudacier, je voudrais prendre une leçon d'escrime.

BOUDACIER

Ah! ah! Vous voulez vous battre, jeune homme?

CADET

Oui, monsieur Boudacier!

BOUDACIER

Bien! C'est une noble ambition! Mais dites-moi, que voulez-vous apprendre? Le petit jeu, le moyen, ou le grand? — Le petit jeu consiste à faire peur à son adversaire, le moyen à le blesser, et le grand jeu à l'étendre raide mort!

CADET, *à part.*

Diable! Je ne sais pas quel est le jeu qu'il a appris à Guignol.

BOUDACIER

Le petit jeu, c'est trois francs; le moyen, cinq francs et le grand, dix! Et l'on paye d'avance. (*A part.*) Bonne précaution, car ce coquin de Guignol a oublié de me payer.

CADET

C'est que je ne suis pas bien riche! Enfin, voici trois francs; commençons par le petit jeu!

BOUDACIER

Comme vous voudrez! Seulement je dois vous dire que si vous vous battez avec quelqu'un qui a appris le jeu moyen, ça ne vous servira à rien!

CADET, *à part.*

Diable! Je n'y avais pas pensé! (*Haut.*) C'est juste! Eh bien, voici encore deux francs; apprenez-moi le jeu moyen!

BOUDACIER

Je ne demande pas mieux! Maintenant, vous savez, si vous tombez sur un adversaire qui a appris le grand jeu, le jeu moyen sera insuffisant! Vous serez embroché!

CADET, *à part.*

Aïe! aïe!... Guignol est bien dans le cas d'avoir appris le grand jeu! Allons! un dernier sacrifice!

(*Haut.*) Eh bien, voici encore cent sous! Apprenez-moi le grand jeu!

BOUDACIER

Vous avez raison de vous décider pour le grand jeu! Vous ne craindrez plus rien.

CADET

Et je tuerai mon adversaire?

BOUDACIER

A coup sûr! A moins qu'il soit aussi fort que vous et qu'il ne vous tue le premier! Il peut se faire que vous vous tuiez tous les deux!

CADET

Ah! diable!

BOUDACIER

Que voulez-vous! Il faut tout prévoir! Si votre adversaire est un de mes élèves, vous aurez à vous défendre! Commençons! Voici un sabre, je prends le mien : défendez-vous! (*Ils ferraillent.*)

CADET

Ah! mais, comme vous y allez!

BOUDACIER

Vous comprenez, il ne faut pas s'endormir! Il s'agit de sauver sa peau! Une, deux! touché! C'est un coup de pointe! vous auriez été embroché! Il faut parer!

CADET

Parer! parer! Mais vous ne m'en donnez pas le temps!

BOUDACIER

Allons! à votre tour! attaquez-moi! Une! deux! Une! deux! fendez-vous! — Je pare! Recommencez! Une! deux! Je pare! Une! deux! une! deux! Mai touchez-moi donc!

CADET

Mais vous parez toujours!

BOUDACIER

C'est ainsi qu'il faut faire! Imitez-moi! Maintenant je vous attaque! Une! deux! Une! deux! Une! deux! (*Il l'attaque et le fait fuir en le poursuivant.*)

CADET

Assez! assez! Je n'en puis plus!

BOUDACIER

Vous auriez déjà été mort une dizaine de fois!

CADET

Eh bien, alors, à quoi me sert votre leçon?

BOUDACIER

A m'imiter! Vous savez maintenant comment il faut faire!

CADET

Alors la leçon est finie?

BOUDACIER

Complètement! Vous connaissez maintenant le

petit, le moyen et le grand jeu ! Vous n'aurez plus qu'à l'exécuter. J'espère que vous n'oublierez rien de ce que je vous ai appris, et que vous ferez honneur à votre professeur. Au revoir, monsieur ! (*Boudacier rentre chez lui.*)

SCÈNE VI

CADET

Ainsi, maintenant je sais me battre ! C'est singulier ! Je n'aurais jamais cru que j'apprendrais si vite ! Pendant toute la leçon j'ai été battu. Ce n'est pas étonnant, le professeur est plus fort que moi ; mais j'aurais voulu qu'il m'apprît à être au moins aussi fort que lui ! Enfin, je tâcherai de me souvenir de la façon dont il s'y est pris ! — Une ! deux ! Une ! deux ! C'est cela ! Oui, c'est ainsi qu'il faisait. Une ! deux ! Une ! deux ! Allons ! je crois que je m'en tirerai ! Guignol ! ah ! le moment est venu ! C'est drôle ! je n'ai pas autant d'assurance !

SCÈNE VII

CADET, GUIGNOL

GUIGNOL

Ah ! tu es encore là? Qu'est-ce que tu fais ici ?

CADET

Ça ne te regarde pas !

GUIGNOL

Comment ça ? Tu vas encore devenir insolent ! Je t'ai dit que j'avais l'œil sur toi.

CADET

Eh bien, regarde-moi, si ça te fait plaisir.

GUIGNOL

Tu étais moins fier tout à l'heure, quand tu m'as fait des excuses.

CADET

Moi ! Je t'ai fait des excuses ! Allons donc ! je n'en fais jamais !

GUIGNOL

D'où te vient cette forfanterie ?

CADET

Je n'ai point de forfanterie ! Seulement, je tiens à ce que tu saches que tu ne me fais pas peur !

GUIGNOL

Ouais ! (*A part.*) Est-ce qu'il aurait pris aussi une leçon d'escrime chez Boudacier ?

CADET

Je n'ai pas un mauvais caractère, mais il ne faut pas m'échauffer les oreilles.

GUIGNOL

Tu répètes fort bien ce que je t'ai dit ! En attendant, tu vas me faire le plaisir de déguerpir. Je tiens à rester seul ici !

CADET

Et si je ne voulais pas?

GUIGNOL

Je saurais bien t'y contraindre.

CADET

Qu'est-ce que tu ferais?

GUIGNOL

Moi? je te donnerais une leçon comme tu n'en as jamais reçu!

CADET

Alors, tu me cherches querelle?

GUIGNOL

Dis plutôt que c'est toi! Pourquoi ne veux-tu pas t'en aller?

CADET

De quel droit veux-tu que je m'en aille?

GUIGNOL

Assez comme cela! Si tu savais te battre, je t'apprendrais qu'il ne faut pas s'attaquer à moi!

CADET

Et qui te dit que je ne sais pas me battre?

GUIGNOL, *à part.*

C'est bien ça! Il a pris une leçon; il n'a plus peur de moi!

CADET, *à part.*

Il a l'air d'être intimidé! Je réussis très bien le petit jeu.

GUIGNOL, *haut.*

Alors, tu voudrais te mesurer avec moi ?

CADET

Et pourquoi pas? Si ça te fait plaisir !

GUIGNOL

Ma foi ! je châtierais volontiers ton impertinence! Mais tu me parais bien jeune pour tenir un sabre.

CADET

Il ne faudrait pas s'y fier!

Aux âmes bien nées,
Le sabre n'attend pas le nombre des années.

GUIGNOL

Ah! tu fais des citations! Tu me parais avoir plus de mémoire que de courage!

CADET

Et toi, tu n'as ni l'une ni l'autre!

GUIGNOL

Eh bien, il ne sera pas dit que tu m'auras provoqué impunément. En garde !

CADET

En garde! (*A part.*) Il y est venu! Mais s'il allait être plus fort que moi!

GUIGNOL, *à part.*

Il a l'air bien décidé! S'il me blessait, c'est lui qui épouserait Madelon.

CADET

Eh bien, je t'attends !

GUIGNOL

Ecoute ! Il en est encore temps ! J'ai pitié de toi ! C'est une chose bien grave qu'un duel ! Je ne veux pas abuser de mes avantages. J'ai peut-être été un peu vif ! Fais-moi seulement une petite excuse, toute petite, et je consens à te pardonner !

CADET

Je ne te ferai aucune excuse ! C'est toi qui m'as provoqué ; je ne veux pas de ta pitié.

GUIGNOL, *à part.*

Diable, il est enragé ! Il doit être sûr de lui ! (*Haut.*) Avant tout, il faut bien établir la situation. La provocation vient de toi.

CADET

Nullement ! Du reste, ça m'est égal ! C'est moi, si tu veux, qui t'ai provoqué !

GUIGNOL

C'est que ça change beaucoup les choses !

CADET

Comment cela !

GUIGNOL

Sans doute ! Puisque tu avoues m'avoir provoqué, c'est moi qui ai le choix des armes !

CADET

Ah! mais non! Tu as un sabre comme moi, c'est au sabre que nous allons nous battre.

GUIGNOL

Du tout! Moi je choisis le pistolet!

CADET

Le pistolet! (*A part.*) Ah! mais, je n'ai pas appris le pistolet, moi!

GUIGNOL, *à part.*

Il recule! (*Haut.*) Oui, le pistolet. J'en ai une paire à la maison et je vais les chercher. Je pense que tu n'auras pas la lâcheté de t'en aller! Attends-moi là. (*Il sort.*)

SCÈNE VIII

CADET, *puis* BOUDACIER

CADET

Le pistolet! En voilà bien d'une autre! Si j'avais su, je n'aurais pas consenti à être le provocateur! Le pistolet! Quelle idée! Il n'a jamais peut-être tiré un coup de pistolet de sa vie! Ah! j'y suis! C'est un prétexte pour s'en aller! Il aura eu peur en voyant mon assurance! Cependant, s'il revenait, il ne faudrait pas être pris au dépourvu. Il me reste encore un petit écu, je vais demander une leçon à Boudacier! (*Appelant.*) Monsieur Boudacier! Monsieur Boudacier! (*Boudacier sort de chez lui.*)

BOUDACIER

Encore vous! Que me voulez-vous?

CADET

Monsieur Boudacier, je voudrais prendre une leçon de pistolet.

BOUDACIER

De pistolet! Est-ce que vous vous moquez de moi?

CADET

Nullement!

BOUDACIER

Est-ce que vous voulez tuer des moineaux?

CADET

Oui, monsieur Boudacier, de gros moineaux!

BOUDACIER

Eh bien, mon cher garçon, il faut vous adresser à un autre que moi pour apprendre. Je n'entends rien à ces armes à feu qui font du bruit! Je ne connais que les armes nobles dans lesquelles on fait passer son âme et non les armes vulgaires au bout desquelles on ne met que ses yeux.

CADET

Vous dites cela parce que vous ne voulez pas m'apprendre le pistolet.

BOUDACIER

Et pourquoi ne voudrais-je pas vous apprendre ?

CADET

Parce que vous croyez que je n'ai plus d'argent ! Mais j'ai encore un petit écu !

BOUDACIER, *railleur.*

Ah ! vous croyez que je suis intéressé à ce point ! Soit. Eh bien, donnez-moi votre petit écu, je vais compléter votre éducation.

CADET, *donnant son argent.*

Ah ! ah ! vous allez m'apprendre le pistolet ?

BOUDACIER

Puisque je vous dis que je ne le sais pas ! Mais je vais vous apprendre une botte avec laquelle on ne manque jamais son homme !

CADET

Ah ! ah ! elle est infaillible ?

BOUDACIER

Infaillible ! Tenez, tournez-vous !

CADET

Que je me tourne ?

BOUDACIER

Oui ! il peut se faire qu'à un moment donné votre adversaire vous tourne le dos.

CADET, *se tournant.*

Oh ! oui, je comprends !

BOUDACIER, *lui donnant une bourrade avec la tête.* Alors, vous comprenez !... On lui donne cette botte !

CADET

Aïe ! aïe ! Qu'est-ce que c'est que cette botte-là ?

BOUDACIER

C'est la mienne ! Elle vaut mieux que tous les pistolets du monde ! Adieu ! (*Boudacier rentre chez lui.*)

SCÈNE IX

CADET, *puis* GUIGNOL

CADET

Il s'est moqué de moi ! Malheureusement je ne puis pas lui en demander raison : c'est mon professeur, il me tuerait ! Avec tout cela, Guignol ne revient pas ! Oh ! je m'en étais bien douté qu'il trouverait un prétexte pour ne pas se battre ! Je raconterai l'histoire à Madelon qui se moquera de lui ! (*Guignol paraît au fond avec une paire de pistolets.*) Oh ! le voilà ! avec des pistolets ! Je m'étais trompé ! Il paraît qu'il est plus brave que je ne croyais ! Comment me tirer de là ?

GUIGNOL

Me voici ! Je n'ai pas été trop longtemps ?

CADET

Si, un peu ! Je croyais que tu n'allais pas revenir.

GUIGNOL

C'est que je suis entré chez un armurier pour faire charger les pistolets.

CADET, *avec effroi.*

Ah ! ils sont chargés ?

GUIGNOL

A balle ! J'en ai fait mettre deux dans chaque pistolet. Comme cela nous ne nous manquerons pas !

CADET, *effrayé.*

Sapristi !

GUIGNOL

Allons ! il ne s'agit pas de reculer ! Prends celui-ci. (*Il lui donne un pistolet.*)

CADET

Alors, c'est sérieux ?

GUIGNOL

Je te crois ! Voyons, approche, et fais comme je te dis. Tourne-toi !

CADET

Ah ! tu vas m'allonger une botte !

GUIGNOL

Il ne s'agit pas de cela. Tourne-toi, je me tourne aussi ! Allons ! c'est cela ! Nous voici dos à dos. (*Ils se mettent dos à dos.*) Maintenant nous allons faire chacun trois pas, puis nous nous détournerons et nous tirerons notre coup de pistolet en même temps.

CADET

Je comprends !

GUIGNOL

Attention ! Je donne le signal ! Une, deux, trois ! Partons !

CADET, *tirant son coup de pistolet qui rate.*

Voilà !

GUIGNOL

Imbécile ! Tu as tiré trop tôt ! Et ton pistolet a raté. Tant pis pour toi ! c'est à mon tour ! Et je te promets que je ne te manquerai pas.

CADET

Comment ! Tu vas m'assassiner ?

GUIGNOL

Du tout ! Je suis dans mon droit ! C'est à mon tour de tirer !

CADET

Mais je n'avais pas compris ! Maintenant mon pistolet n'est plus chargé, je ne puis plus me défendre.

GUIGNOL

Ça ne me regarde pas !

CADET, *à part.*

Il va me tuer, c'est sûr ! (*Haut.*) Voyons, Guignol ! Il n'y a pas moyen d'arranger cela ?

GUIGNOL

Dame ! Je ne vois pas ! J'ai essuyé ton feu, tu essuieras le mien !

CADET

Et si je te faisais des excuses?

GUIGNOL

Des excuses! Des excuses! Il en faudrait de bien grandes.

CADET

Je les ferai aussi grandes que tu voudras.

GUIGNOL

Grandes! ce n'est pas assez! Il faudrait aussi qu'elles soient plates!

CADET

Eh bien, je te fais des excuses plates!

GUIGNOL

C'est bien! Mais ce n'est pas tout.

CADET

Que veux-tu de plus?

GUIGNOL

Il faut que tu renonces à Madelon.

CADET

Eh bien, j'y renonce! Es-tu content?

GUIGNOL

Oui! Mais ça ne suffit pas! Il faut encore que tu ailles lui dire que je t'ai sauvé la vie.

CADET

Eh bien, je le lui dirai.

GUIGNOL

Oui, mais tout de suite! tu entends? Tu vas lui dire : « Madelon, je renonce à vous. Guignol est un brave; il pouvait me tuer, mais il m'a sauvé la vie! » Et si tu ne le lui dis pas, je le saurai; alors, cette fois, je ne te ferai pas grâce et mon pistolet te demandera raison.

CADET

J'y vais! j'y vais! (*A part.*) Ah! tu me revaudras ça un jour! (*Il sort.*)

SCÈNE X

GUIGNOL, *puis* BOUDACIER

GUIGNOL, *riant.*

Les pistolets n'étaient pas chargés! Ah! ah! ah! Il a eu peur! L'audace remplace la bravoure! Eh bien, pour ma première affaire d'honneur, je m'en suis très bien tiré.

BOUDACIER, *sortant de chez lui.*

Ah! ah! Vous voilà, monsieur Guignol! Eh bien, et votre duel?

GUIGNOL

Mon duel! Il s'est très bien passé!

BOUDACIER

Vous avez tué votre adversaire?

GUIGNOL

J'aurais pu le tuer, mais je suis généreux, je lui ai fait grâce!

BOUDACIER

Il aurait mieux valu le tuer! Mais, enfin, c'est votre affaire. Maintenant, réglez-moi la mienne.

GUIGNOL

Vous voulez vous battre avec moi?

BOUDACIER

Non! Mais vous oubliez que vous me devez un petit écu.

GUIGNOL

Croyez-vous?

BOUDACIER, *sévèrement.*

J'en suis sûr!

GUIGNOL

Eh bien, le voici! (*Il lui donne une pièce.*)

BOUDACIER

Merci! Quand vous voudrez d'autres leçons, je suis tout à votre service! (*Il rentre chez lui.*)

GUIGNOL, *seul.*

Des leçons! Ce n'est pas utile! Quand on me provoquera à l'épée, je choisirai le pistolet. Allons, maintenant, retrouver Madelon!

RIDEAU

INDICATIONS

DÉCOR

Une promenade (forêt). Maison de Boudacier à gauche.

COSTUMES

BOUDACIER, costume de soldat.
GUIGNOL, costume traditionnel.
CADET, jeune paysan (ou ouvrier).

ACCESSOIRES

Deux sabres. — Une paire de pistolets. — Le coup de pistolet raté se tire dans la coulisse.

Pour jouer cette pièce seul, placement des personnages.

	MAIN GAUCHE	MAIN DROITE
Scène I.	Boudacier	Guignol.
— II.		Guignol.
— III.	Cadet	Guignol.
— IV.	Cadet	
— V.	Cadet	Boudacier.
— VI.	Cadet	
— VII.	Cadet	Guignol.
— VIII.	Cadet	Boudacier.
— IX.	Cadet	Guignol.
— X.	Boudacier	Guignol.

II

LE FANTOME

3.

II

LE FANTOME

INTERMÈDE EN UN ACTE

Personnages :

Le père BABYLAS.
FRANÇOISE, sa femme.
ISIDORE, son neveu.

UNE CHAMBRE. *Table à droite. Buffet contre la coulisse de gauche.*

SCÈNE PREMIÈRE

FRANÇOISE

Non! c'est pas Dieu possible que ça continue ainsi ! Quelle existence ! Toujours seule ! Voilà encore mon diable d'homme parti depuis le matin! Si c'est permis! Un homme établi, le père Babylas, qui a des écus, qui les fait valoir, même qu'on dit que c'est un usurier, un peu plus qu'un banquier, quoi! Et, sous prétexte de faire des affaires, le voilà qui part dès le matin et ne rentre plus que le soir... quand il rentre! Quand son pauvre frère est mort, il a été obligé de recueillir son fils, Isidore, qui était un bon garçon, bien travailleur, mais il a trouvé qu'il mangeait trop et il l'a renvoyé par économie. L'ivrognerie et l'avarice, voilà ce qui le mène, mon homme! Où ça nous conduira-t-il? — Quand Isidore était ici, au moins, je n'étais pas seule, je causais avec ce pauvre petit, je l'encourageais; mais, maintenant, je ne le vois plus, je ne sais pas ce qu'il devient... Ah! le brave garçon, pourquoi l'avoir renvoyé? Il était si bien ici!

SCÈNE II

FRANÇOISE, ISIDORE, *entrant par la droite.*

ISIDORE, *au fond.*

Mon oncle n'est pas là? Non? — Je peux entrer Bonjour ma tante. (*Il embrasse Françoise.*)

FRANÇOISE

C'est toi! Isidore! Mon petit Isidore. Ah! qu'il y a longtemps que je ne t'ai vu!

ISIDORE

Et moi donc! Huit jours! Ça m'a paru un siècle!

FRANÇOISE

Et comment que ça se fait que te voilà?

ISIDORE

Ah! bien, c'est encore ma mauvaise chance!

FRANÇOISE

Comment ça?

ISIDORE

Eh bien oui, ma tante, il y a les ceux qui est les bidard et les ceux qu'ont pas de veine. — Quand mon oncle m'a dit d'aller manger mon pain ailleurs j'ai trouvé tout de suite de l'ouvrage, d'autant que dans ma partie on n'est pas nombreux.

FRANÇOISE

Qu'est-ce que tu faisais donc?

ISIDORE

J'étais peintre en pattes de homard!

FRANÇOISE

En pattes de homard!!

ISIDORE

Ah! c'est une bien curieuse industrie! Quand les homards se font vieux, à la halle, et qu'ils ne pincent plus ceux qui les marchandent, on les fait cuire. Ça leur donne une seconde jeunesse. Alors ils deviennent tout rouges et sont très appétissants;

mais si on ne les achète pas tout de suite, leurs pattes blanchissent : c'est à cela que l'on reconnaît qu'ils ne sont pas frais. Alors, pour les vendre, on les maquille avec une couche de vermillon sur les pattes.

FRANÇOISE

Ils n'en sont pas plus frais pour cela.

ISIDORE

Justement ! Aussi a-t-on découvert le truc de mon patron, on l'a mis dedans, et moi me voilà sur le pavé. Pas de chance !

FRANÇOISE

Et te voilà revenu ici ! Tu as bien fait. Jusqu'à ce que tu aies retrouvé une place, je te nourrirai et te logerai à l'insu de ton oncle, c'est tout ce que je puis faire pour toi ; l'important est qu'il ne te voie pas.

ISIDORE

Il m'en veut donc bien ?

FRANÇOISE

Il en veut à tout ce qui lui coûte de l'argent, ce qui ne l'empêche pas d'en dépenser pour boire.

ISIDORE

Alors, comme ça, il boit, mon oncle Babylas ?

FRANÇOISE

Ah ! s'il boit ! Comme un trou.

ISIDORE

Et quand il a bu, il te bat peut-être ?

FRANÇOISE

Oh ! il ne se gêne pas ! mais je lui fais peur, alors ça le calme et il s'endort.

ISIDORE

C'est bon à savoir ! Eh bien, écoute, ma tante, je ne veux pas qu'on te batte, moi, et si tu veux me laisser faire, je te réponds qu'il ne te battra plus, et qu'il me reprendra chez lui ; alors je pourrai travailler à autre chose qu'à peindre des pattes de homard.

FRANÇOISE

Si tu pouvais dire vrai ! Que vas-tu faire ?

ISIDORE

D'abord, mets une nappe sur la table.

FRANÇOISE

Justement, j'allais mettre le couvert ; je pense bien qu'il va rentrer pour dîner. (*Elle va chercher une nappe et la met sur la table.*)

ISIDORE

C'est cela ! Voici la nuit qui vient, n'allume pas de lumière, ça sera mieux.

FRANÇOISE

Et puis ?

ISIDORE

Il t'en demandera pour manger, alors tu iras en chercher, mais tu ne reviendras pas tout de suite... seulement quand il t'appellera.

FRANÇOISE

Oui, j'ai compris ! Oh ! mon Dieu ! Je l'entends ! Il est encore gris comme d'habitude; cache-toi vite ! Où vas-tu te mettre?

ISIDORE

Sous la table ! J'ai mon idée ! (*Il se glisse sous la table.*)

FRANÇOISE

Il était temps !

SCÈNE III

ISIDORE, *sous la table.* FRANÇOISE, BABYLAS.

BABYLAS, *gris.*

Mille millions de milliasses ! J'ai failli me casser le cou dans l'escalier ! Tu ne pouvais donc pas m'éclairer ?

FRANÇOISE

Je ne savais pas que c'était toi qui rentrais.

BABYLAS

Ne raisonne pas, ou sans cela, tu vas avoir affaire à moi.

FRANÇOISE

Voyons! Babylas, mon homme, sois gentil.

BABYLAS

Etre gentil avec toi! ah bien, il faudrait que j'aie du temps à perdre! D'abord, va-moi chercher une bouteille.

FRANÇOISE

Mais ta soupe est prête!

BABYLAS

Je n'en veux pas! J'ai soif. (*Françoise va prendre une bouteille dans le buffet et la met sur la table.*)

FRANÇOISE

Voilà! Es-tu content?

BABYLAS

Et maintenant apporte-moi une lumière! que j'y voie clair pour boire : le vin paraît meilleur! Et dépêche-toi!

FRANÇOISE

J'y vais! j'y vais. (*A part.*) O mon Dieu! que va-t-il se passer! (*Elle sort.*)

SCÈNE IV

BABYLAS. ISIDORE, *sous la table.*

BABYLAS

Avec ces diables de femmes, on n'est jamais servi! Hé! hé! voici ma bouteille de vin! C'est drôle ! J'ai bu toute la journée et j'ai encore plus soif ce soir que ce matin ! (*Il boit.*) Ah ! le vin ! Il n'y a encore que ça de vrai ! (*Coups répétés sous la table.*) Qu'est-ce que c'est que ça ? La table craque ! Est-ce qu'il y a des esprits là dedans ? (*Nouveaux coups de la table.*) J'ai entendu dire que les esprits se cachaient dans les tables ; je ne crois pas aux esprits, cependant ces coups répétés ne me semblent pas naturels. (*La table bascule un peu. Babylas se lève effrayé.*) Holà ! mais la table se soulève... elle va renverser ma bouteille... (*Il prend sa bouteille.*) Doucement ! Ah, ça ! si c'est un esprit, est-ce qu'il voudrait boire mon vin ? (*La table s'arrête et frappe deux coups.*) Je commence à être effrayé ! Allons donc, je suis fou ! J'y vois mal, peut-être bien que j'y vois trouble ! Les esprits ! ça n'existe pas ! Si ça existait, on les verrait ! Eh parbleu ! je n'ai qu'à leur dire de se montrer, nous verrons bien ! Allons ! Esprit ! si tu existes réellement, montre-toi et réponds-moi ! (*Isidore attire sur lui la nappe blanche et se dresse comme un fantôme.*)

ISIDORE, *changeant sa voix.*

Tu m'as appelé, me voici !

BABYLAS, *se jetant à terre.*

Ciel ! un fantôme ! Grâce ! grâce !

ISIDORE

Pourquoi demander grâce ? Je ne te fais pas de mal. Tu voulais me voir, je me montre.

BABYLAS

Oui! oui! Je te vois bien! Je te vois trop, laisse-moi! Va-t'en.

ISIDORE

Non pas! Si tu m'as appelé c'est que tu as quelque chose à me dire.

BABYLAS

Non! Rien! c'était par curiosité, monsieur l'Esprit.

ISIDORE

Seulement par curiosité? Mais on ne me dérange pas pour rien et puisque je me suis montré à toi, il faut aussi que tu saches qui je suis.

BABYLAS

Parbleu! Vous êtes le Diable!

ISIDORE

Le Diable ne se dérange pas pour un homme tel que toi. Il n'a pas besoin de venir te chercher; quand ton heure sera venue, tu viendras à lui de toi-même. Je ne suis pas le Diable! Mais tu trembleras tout de même en apprenant mon nom : je suis l'âme de ton frère.

BABYLAS

Ah! mon frère! mon pauvre frère que j'aimais tant

ISIDORE

Tu mens ! Tu ne l'aimais pas. Tu l'as ruiné et il est mort de chagrin.

BABYLAS

Non ! Il est mort de maladie.

ISIDORE

Causée par le chagrin ! — Et son fils, son neveu, qu'en as-tu fait !

BABYLAS

Je l'ai recueilli chez moi, je l'ai logé, je l'ai nourri.

ISIDORE

Et tu l'as renvoyé au bout de huit jours.

BABYLAS

Dame! il me coûtait trop cher !

ISIDORE

Parce que tu es un avare.

BABYLAS

Ce n'est pas défendu d'aimer l'argent.

ISIDORE

Et ta femme ?

BABYLAS

Ma femme ! ma bonne femme !

ISIDORE

Nieras-tu aussi que tu la bats chaque jour quand tu rentres gris ?

BABYLAS

Oui, mais quand je ne suis pas gris, je ne la bats pas.

ISIDORE

Tu es toujours gris !

BABYLAS

Et c'est cela que vous vouliez me dire? C'était pas la peine de vous déranger.

ISIDORE

Tu vas voir que si, Babylas. Écoute-moi bien. Si tu ne veux pas recueillir chez toi ton neveu, lui donner un bon métier et le faire travailler, et si tu bats encore ta femme, il t'arrivera une foule de malheurs.

BABYLAS

Quels malheurs ?

ISIDORE

D'abord, le vin que tu boiras se changera en vinaigre.

BABYLAS

Oh ! ça sera bien mauvais !

ISIDORE

Tu ne trouveras plus à placer ton argent nulle part.

BABYLAS

Ce n'est pas sûr.

ISIDORE

Parce que tu n'auras plus d'argent ! Les voleurs te le prendront.

BABYLAS

Qu'ils y viennent !

ISIDORE

Ce n'est pas tout ! On te mettra en prison. On fera ton procès et tu seras condamné à être pendu.

BABYLAS

Je ne le suis pas encore ! (*Il se relève lentement.*) (*A part*). Voilà un esprit qui se mêle de ce qui ne le regarde pas ! J'ai bien envie de lui faire voir que je n'ai pas peur de lui. (*Haut.*) Je serai pendu ?

ISIDORE

Tu seras pendu ! si tu ne fais pas ce que je te dis.

BABYLAS

Eh bien ! puisque c'est pour le même prix, je vais te renvoyer dans l'enfer d'où tu viens ! (*Il lève sa bouteille et poursuit le fantôme.*) — Ah ! tu ne m'échapperas pas ! Je te tiens ! (*A ce moment, Isidore lui jette sa nappe sur la tête et s'enfuit.*)

SCÈNE V

BABYLAS, *seul.*

Je n'y vois plus ! Où est-il ! (*Il se débarrasse de la nappe.*) Ah ! il ne m'échappera pas. (*Il cherche de tous côtés.*) Disparu ! Ce n'est pas un vrai fantôme, il n'aurait pas laissé là son drap blanc : c'est une farce qu'on m'a faite. Et pourtant il m'a dit des choses... C'est vrai que j'ai ruiné mon frère et personne ne le sait que moi ! et que je bats ma femme ! Ce n'est pas elle qui le dirait ! Voilà que je recommence à avoir peur ! Je veux y voir clair ; il fait presque nuit... la nuit les esprits reviennent... Brrr ! s'il allait encore revenir... Françoise ! Françoise ! de la lumière ! (*Il cogne sur la table avec la bouteille qu'il repose sur la table.*)

SCÈNE VI

BABYLAS, FRANÇOISE

FRANÇOISE, *avec une bougie allumée qu'elle pose sur la table.*

Eh bien ! qu'est-ce que tu as ? Voici de la lumière ! Je n'avais plus de bougie et je suis allée en chercher. Tu as l'air tout drôle !

BABYLAS

Ah ! on le serait à moins ! J'ai... j'ai vu mon frère.

FRANÇOISE

Tu es fou !

BABYLAS

Je l'ai vu ! Il était dans la table et il est sorti.

FRANÇOISE

Tu as la berlue ! Tu auras encore trop bu !

BABYLAS

Je te dis que je l'ai vu comme je te vois, et il m'a parlé...

FRANÇOISE

Allons ! mon homme, je vais te donner ta soupe ; c'est le besoin qui te fait déraisonner.

BABYLAS

Non ! Je n'ai pas faim ! Il m'a parlé et il m'a dit...

FRANÇOISE

Que t'a-t-il dit ?

BABYLAS

Que je serais pendu si je te battais encore et si je n'accueillais pas mon neveu !

FRANÇOISE

Eh bien ?

BABYLAS

Pendu ! Oh ! je sens déjà la corde... Brrr !

FRANÇOISE

Dame, si tu la sens, c'est que ça ne va pas tarder.

BABYLAS

Pendu ! Et je ne boirais plus de bon vin, et je ne palperais plus de beaux écus...

FRANÇOISE

Mais tu ne seras pas pendu, malheureux ! Tu n'as

qu'à faire revenir près de nous ton pauvre neveu, à l'aimer un peu et aussi à ne plus me battre.

BABYLAS

Ce n'est pas moi qui te bats, c'est la boisson.

FRANÇOISE

Tu boiras un peu moins et tu m'aimeras un peu plus !

BABYLAS

Oui ! oui !... Ah ! je suis un grand coupable !

FRANÇOISE

Tu le reconnais ! Eh bien, repens-toi.

BABYLAS

Oui, je vois bien que j'ai été méchant ! Va me chercher Isidore.

FRANÇOISE

J'y cours ! (*A part.*) Mon Dieu ! pourvu qu'il ne change pas d'avis ! (*Elle sort par la droite.*)

SCÈNE VII

BABYLAS

Je n'ai pas bien la tête à moi ! Est-ce un rêve que j'ai fait ou bien est-ce un véritable fantôme que j'ai vu, ou bien a-t-on voulu me mystifier ? C'est égal, tout cela ça me donne à réfléchir ! Je ne suis pas un mauvais homme ; c'est vrai que j'ai renvoyé mon neveu, mais il ne voulait pas boire comme moi !

c'est une raison, ça! Pour ma femme, c'est vrai aussi que je la battais un peu trop, mais pourquoi ne me rendait-elle pas mes coups de bâton? ça m'aurait calmé! Enfin, j'ai eu un bon mouvement en rappelant Isidore; si l'esprit m'a dit vrai... je ne serai pas pendu, c'est l'important! Je vais demander à Isidore ce qu'il pense des esprits.

SCÈNE VIII

BABYLAS, ISIDORE

ISIDORE

Me voilà, mon oncle. Vous voulez bien me reprendre? Eh bien, là, vrai, vous ne vous en repentirez pas, car je vous aime bien tout de même.

BABYLAS

Écoute ici. Crois-tu aux esprits?

ISIDORE

Aux esprits?

BABYLAS

Oui, aux fantômes!

ISIDORE

Oh! ne parlez pas de cela, mon oncle, ça porte malheur!

BABYLAS

Alors, tu y crois? Tu en as vu?

ISIDORE

Si j'en ai vu ! Tenez, il n'y a pas plus qu'une demi-heure, j'étais dans la maison de mon patron. Brrr ! mon patron n'était pas précisément un honnête homme, il faisait pas mal d'escroqueries, mais on n'en savait rien ; alors... Brrr !... Voilà que tout à coup sa table se met à craquer...

BABYLAS

Brrr ! Et alors...

ISIDORE

Alors, voilà qu'un grand fantôme blanc paraît devant nous et lui dit : — Tu seras pendu !

BABYLAS, *effrayé.*

Comme à moi !

ISIDORE

Comment, comme à vous !

BABYLAS

Non, rien ! Continue !

ISIDORE

Il lui dit : Tu seras pendu ! Et puis il disparaît tout à coup ! Alors, un moment après, voilà les gendarmes qui arrivent et qui mènent mon patron en prison. Et vous savez que, quand on est en prison, on n'en sort que pour aller à la potence ! Brrr ! J'en ai froid dans le dos

BABYLAS

Ainsi, c'est vrai ! Écoute, Isidore ! j'ai été méchant avec toi, je ne le serai plus ; je battais ta pauvre tante, je ne la battrai plus ; je faisais un peu l'usure, je ne prendrai plus que cinquante pour cent ; je me grisais tous les jours, je ne boirai plus trop qu'une fois par semaine, parce que je ne veux pas être pendu.

ISIDORE

Bien, mon oncle ! très bien...

BABYLAS

Et si je m'oubliais...

ISIDORE

Eh bien ?

BABYLAS

Je te charge de m'en avertir en me racontant l'histoire du fantôme.

ISIDORE

Ah ! vous pouvez être sûr, mon oncle, que je n'y manquerai pas !

RIDEAU

INDICATIONS

DÉCOR

Une chambre ou un rustiquc.

COSTUMES

LE PÈRE BABYLAS, costume de Cassandre.
FRANÇOISE, costume de vieille femme.
ISIDORE, costume de jeune ouvrier.

ACCESSOIRES

Table. — Buffet. — Nappe. — Bouteille. — Petit chandelier avec bougie allumée.

OBSERVATIONS

Le buffet est accroché à la coulisse de gauche. S'il est réel on prendra dedans la nappe et la bouteille; s'il est peint sur cartonnage, on les prendra dans la coulisse.

Pour jouer cette pièce seul, placement des personnages.

	MAIN DROITE	MAIN GAUCHE
Scène I.	Françoise....................	
— II.	Françoise....................	Isidore.
— III.	Françoise..........	Babylas.
— IV.	Isidore sous la table..........	Babylas.
— V.	....	Babylas.
— VI.	Françoise....................	Babylas.
— VII.	....	
— VIII.	Isidore...............	Babylas.

OBSERVATIONS

Scène IV. — Les coups seront frappés sous la table avec la tête d'Isidore. — Isidore sera caché par la nappe qui retombera sur la tablette du théâtre ; quand Isidore se changera en fantôme, il n'aura qu'à soulever la nappe avec sa tête pour en être totalement recouvert. — Un mouvement vif du poignet suffira au moment voulu pour lui faire rejeter la nappe sur Babylas.

III

UNE JOURNÉE DE PÊCHE

III

UNE JOURNÉE DE PÊCHE

NOYADE EN UN ACTE

Personnages :

GUIGNOL.
GNAFRON.
MADELON.
UN GENDARME.

Le théâtre représente au fond, une forêt. — Un pont traverse la scène de droite à gauche. — Maisons des deux côtés du pont.

SCÈNE PREMIÈRE

GUIGNOL, *entrant par la droite sur le pont avec un fourniment de pêcheur : épuisette, canne à pêche, panier, etc.*

Ah ! nom d'un rat ! nom d'un rat ! Quel guignon !

Me voilà encore une fois sans travail! J'ai fait tous les métiers et aucun ne m'a réussi. Je ne sais plus à qui m'adresser, avec ça que je n'ai pas un radis à la maison et que je dois à tout le monde! C'est le père Gnafron surtout qui me tourmente; du matin au soir il me réclame de l'argent et je ne puis pas lui en donner. Du reste, pas plus à lui qu'à d'autres! Aujourd'hui, dimanche, je suis sûr qu'ils vont tous accourir à la maison! Ma foi, tant pis! Madelon les recevra, elle s'en tirera comme elle pourra! Moi, pour passer le temps et oublier mes misères, je vais pêcher à la ligne! J'aurai peut-être la chance d'attraper du poisson, et alors je le leur donnerai en place d'argent. Ça diminuera mes dettes, car je compte le leur vendre assez cher! Installons-nous! Sur ce pont la place est bonne, j'aurai bien vite une friture. Là, ma ligne est prête, pêchons! (*Il jette sa ligne au delà du parapet et tourne le dos au public.*)

SCÈNE II

GUIGNOL, *pêchant:* GNAFRON, *entrant par la gauche.*

Nous allons voir si Guignol me donne enfin de l'argent. Il est de bonne heure, il ne sera pas encore sorti, je vais le trouver chez lui. (*Apercevant Guignol.*) Tiens! un pêcheur à la ligne! Hé, mais, si je ne me trompe, c'est Guignol! Oui, c'est bien lui Ah! le fripon, il m'a donné rendez-vous chez lui et le voilà à la pêche ! Heureusement que je suis passé par ici, sans quoi je ne l'aurais pas rencontré. Cette fois, il faudra bien qu'il s'exécute ! — Hé ! Guignol ! Qu'est-ce que tu fais là ! Est-ce que c'est mon argent que tu pêches ?

GUIGNOL

Tiens ! Le père Gnafron ! Comment ça va, mon vieux ?

GNAFRON

Ça va bien ! Mais ça irait encore mieux si tu me payais ce que tu me dois.

GUIGNOL

Je le sais bien que je te dois, c'est pourquoi je suis ici.

GNAFRON

C'est pas ici que tu gagneras de l'argent.

GUIGNOL

Écoute, mon pauvre vieux, on gagne de l'argent comme on peut. Je n'ai pas un sou à la maison et je ne puis pas trouver d'ouvrage, c'est pas ma faute ! Ce matin, je me suis dit : Le père Gnafron va venir ; si je ne lui donne rien, il ne sera pas content ; il ne faut pas pourtant le laisser s'en aller sans rien. Alors, j'ai eu l'idée d'aller à la pêche. Tous les poissons que je prendrai seront pour toi, nous estimerons ce qu'ils valent : ça sera un acompte sur ce que je te dois...

GNAFRON

A supposer que tu en prennes.

GUIGNOL

Si j'en prendrai ? Regarde, comme ils sont gros ! Ils sont tout au fond, les uns contre les autres. — Regarde ! En voilà un qui est rouge, et celui-là bleu... et tous les autres gris...

GNAFRON

Tu en as déjà pris ?

GUIGNOL

Non, pas encore ! Je ne fais que d'arriver, et puis je n'ai pas d'amorce.

GNAFRON

De l'amorce ! Qu'est-ce que c'est que ça ?

GUIGNOL

On voit bien que tu n'es pas pêcheur ! L'amorce, c'est la nourriture des poissons ! Ils aiment autant à manger que toi tu aimes à boire...

GNAFRON

Je comprends. Mais si tu pêches sans amorce, tu ne prendras rien.

GUIGNOL

Dame ! Des fois qu'ils se décideraient ! Mais ils mordraient bien mieux si j'en avais ! Tu devrais bien m'en acheter ; moi, je n'ai pas le sou.

GNAFRON

C'est-il bien cher, l'amorce?

GUIGNOL

Non, ça n'est pas cher! Tiens, va chez le pharmacien, là, à côté; tu lui demanderas pour deux sous d'huile de cotrets, ça me suffira.

GNAFRON

Qu'est-ce que tu me chantes là? les poissons aiment l'huile, maintenant?

GUIGNOL

S'ils aiment l'huile? Demande un peu aux sardines, aux harengs, aux saumons, aux baleines!...

GNAFRON

C'est juste! Eh bien, je vais aller t'en chercher. Mais la friture sera pour moi?

GUIGNOL

Puisque je te dis que c'est pour toi que je pêche!

GNAFRON

Allons! (*Il sort par la gauche.*)

GUIGNOL

Ça y est! Me voilà débarrassé de Gnafron! Maintenant je vais pêcher à mon aise; j'espère bien prendre du poisson, mais je le garderai pour moi et je dirai à Gnafron que je n'ai rien pris! — En attendant, ça ne mord pas beaucoup jusqu'à présent.

SCÈNE III

GUIGNOL, *pêchant.* MADELON, *entrant par la gauche.*

MADELON

Ah! te voilà! fainéant! pendard! C'est là que tu viens, au lieu d'aller chercher de l'ouvrage! Tu viens pêcher et tu me laisses seule à la maison pour recevoir tes créanciers qui me demandent de l'argent, et moi je ne sais que leur dire!

GUIGNOL

Voyons! voyons! voyons! Madelon! Voyons, ma petite femme, ne te mets pas en colère! Ça te fera du mal! Ça te fera monter le sang à la tête et tu auras encore ta migraine! C'est pas bon pour toi de crier comme ça, tu peux te casser quelque chose dans l'estomac! Tu sais bien, Madelon, que je n'ai pas d'ouvrage; c'est pas aujourd'hui dimanche que j'en trouverai! Si je suis venu à la pêche, ça n'est pas pour m'amuser, va! Je me suis dit que si je prenais du poisson, je payerais mes créanciers avec, et puis que je te rapporterais aussi une bonne petite friture que nous mangerons ensemble! Ça fait que tu n'auras pas besoin d'aller chercher à dîner.

MADELON

Si c'est comme ça, c'est autre chose, je n'ai rien à dire. Pêche, mon ami, pêche et prends-en beaucoup de gros. Je vais retourner à la maison et, s'il vient encore des créanciers, je leur dirai que tu t'occupes d'eux.

GUIGNOL

C'est ça, Madelon! Et s'il n'en vient pas, nous garderons toute la friture pour nous.

MADELON

Allons! bonne chance, Guignol! (*Elle sort par la gauche.*)

SCÈNE IV

GUIGNOL

On ne me laissera donc pas pêcher tranquille! Madelon, avec sa voix de pie, a effrayé les poissons! Ça ne mord pas! Nom d'un rat! (*Il tire et rejette sa ligne.*) C'est fatigant, à la fin, surtout quand on ne prend rien! Et ça donne soif! Oh! il n'y a rien qui donne envie de boire du vin que d'être à côté de l'eau! Eh mais, je suis seul; j'ai bien envie, en attendant que le poisson revienne, d'aller boire un verre au cabaret! Mais voilà! c'est que je n'ai pas le sou, on ne me fera pas crédit. Bah! Tout de même, un marchand de vins a toujours besoin de friture; je lui dirai que je suis en train d'en prendre une et que je le payerai avec. C'est ça! Je vais boire un coup! Je vais fixer ma ligne. (*Il sort par la droite.*)

SCÈNE V

GNAFRON, *rentrant furieux par la gauche.*

Scélérat de Guignol ! Tu m'as joué un tour! Tu vas me le payer ! — Tiens! Où est-il? (*Il regarde de tous côtés.*) Ah! je comprends! Il m'a envoyé chercher de l'amorce pour se débarrasser de moi ! (*Au public.*) Ah! je m'en souviendrai de l'huile de cotrets ! J'arrive chez le pharmacien et je lui dis : Voulez-vous me donner pour deux sous d'huile de cotrets? Le pharmacien me regarde d'un air tout drôle et me dit : — Qu'est-ce que vous me demandez? — Moi, croyant qu'il était sourd, je lui crie : Deux sous d'huile de cotrets ! — Ne criez pas tant, qu'il dit, je ne suis pas sourd. Attendez-moi, je vais en chercher à la cave. Là-dessus, il sort et me laisse tout seul dans la boutique où je reluque tous les bocaux et je lis toutes les étiquettes : *Clôture de sot homme*, *Armanach*, *Eau de bateau*, etc., etc.... Ça m'amusait tellement que je ne l'entends pas revenir, et que je reçois tout à coup une dégelée de coups de trique que j'en suis encore tout moulu! C'était ça l'huile de cotrets ! Ah! je n'ai pas demandé mon reste! C'est un tour de ce gueux de Guignol, mais il va me payer ça ! Eh bien, où est-il donc? Je l'ai laissé ici. Est-ce qu'il aurait changé de place? Non! voici sa ligne... oh! il va revenir! En l'attendant, je vais pêcher à sa place. (*Il pêche.*) Je serai peut-être plus heureux que lui. Mais oui, ça mord! (*Il tire successivement de l'eau les objets qu'il annonce. Ces objets sont accrochés dons les coulisses.*) Tiens! qu'est-ce que c'est que ça? Une savate! C'est bien mon affaire!... Ça mord encore! — Un bonnet de coton! C'est probablement celui d'un poisson qui s'est endormi! (*Rejetant la ligne.*) Oh! oh! c'est un gros, celui-là! Il se défend! Il est lourd! Tiens une casserole! Elle est percée! — Je la ferai étamer! — Voyons encore! — Une chaussette! Si j'avais eu deux hameçons j'en aurais peut-être pris deux! — Ah! bien, mais on prend tout ce qu'on veut! — Qu'est-ce que c'est que ça? Une anguille? Non! Un vieux torchon! Je le ferai raccommoder! — Avec tout ça, je pêche beaucoup de choses, mais je n'ai pas encore pris de poisson! Ah! enfin! en voici un! — Un hareng saur! Je croyais qu'on n'en prenait que dans la mer! (*Chaque fois que Gnafron a retire un objet, il l'a déposé sur le pont et a rejeté la ligne dans l'eau.*)

SCÈNE VI

GNAFRON. GUIGNOL, *entrant par la droite.*

GUIGNOL

Tiens! Tiens! Tiens! Voilà Gnafron qui me chipe ma friture! Attends! Je vais te faire prendre mon poisson! (*Il le bat.*)

GNAFRON

Oh ! aïe ! aïe ! Qu'est-ce qui te prend ! Puisque tu n'étais pas là, je pêchais à ta place.

GUIGNOL

Eh ! parbleu ! je le vois bien ! Mais puisque tu prends mon poisson, tu es payé, mon vieux ! je ne te dois plus rien !

GNAFRON

Oh ! oh ! Payé ! Payé ? C'est à savoir ! Il faut d'abord faire notre compte.

GUIGNOL

C'est ça, faisons notre compte ! Je parie que tu me redois.

GNAFRON

Nous allons bien voir ! Commençons par le neuf. Il y a d'abord une paire de souliers que je t'ai faite quand tu t'es marié avec Madelon. — Vingt francs.

GUIGNOL

Ça, c'est de l'ancien temps ! Il y a dix-huit ans que tu les as faits, ces souliers-là. Ils sont trop vieux !

GNAFRON

C'est égal ! tu ne me les as jamais payés !

GUIGNOL

Tu n'aurais pas voulu ! Le jour de mon mariage, je les ai mis. En allant à la mairie, j'ai commencé par perdre un talon ; puis, en montant les escaliers, les caoutchoucs se sont cassés; enfin en revenant à la maison, ils se sont décousus, et, comme il tombait de l'eau, j'ai pataugé toute la journée et j'ai attrapé un rhume. Ça n'est pas tout! – Ce rhume-là m'a forcé de garder le lit pendant six jours, et j'ai fait venir quatre fois le médecin qui m'a demandé trois francs par visite et m'a ordonné du rhum et du vin chaud. J'ai donc pris par jour six verres de rhum à cinq sous et deux bouteilles de vin à un franc chaque. C'est clair, tout ça, hein? Eh bien! puisque c'est toi qui m'as fait attraper la maladie, c'est toi qui dois payer tout ça! Tu vois que tu me redois et beaucoup!

GNAFRON

Comment! Je te redois?

GUIGNOL

Dame! Fais le compte : six journées de travail à six francs pièce, ça fait trente-six francs! — Quatre visites de médecin à trois francs l'une, ça fait douze francs; voilà déjà quarante-huit francs! Maintenant les médicaments : six verres de rhum à cinq sous ça fait trente sous, et deux bouteilles de vin à vingt sous, ça fait deux francs, en tout trois francs six sous par jour. Eh bien, j'en ai pris pendant six jours, ça fait vingt-et-un francs. Rajoutés aux quarante-huit francs, c'est tout juste soixante-neuf francs. Si j'ôte les vingt francs des souliers, tu restes à me devoir quarante-neuf francs ! Voilà, mon vieux!

GNAFRON

C'est ton compte, mais ça n'est pas le mien. Et ce n'est pas tout, je t'ai fait aussi des réparations. Je t'ai retapé une paire de bottes pour toi et deux paires de pantoufles pour ta femme. Tu ne m'as pas payé ça !

GUIGNOL

Ah ! bien, parlons-en de tes réparations ! Tu as si bien retapé mes bottes qu'elles m'ont fait avoir des cors ; j'ai été obligé de me les faire couper. Quant aux pantoufles de Madelon, tu avais laissé passer des clous par la semelle ; elle s'est blessé le pied et il a fallu acheter de l'onguent chez le pharmacien, pour la guérir. Tout ça, ça coûte !

GNAFRON

Je n'entends rien à tout cela ! Je t'ai donné de la marchandise, j'ai travaillé pour toi, il faut me payer !

GUIGNOL

Te payer ! Et tous les poissons que tu viens de prendre avec ma ligne, c'est donc rien, ça ? Tiens ! regarde : voilà une savate, un bonnet de coton, une casserole, une chaussette, un torchon, un hareng saur ! C'est donc rien, tout ça ! Tiens ! pour en terminer, tu peux prendre le tout et nous sommes quittes.

GNAFRON

Du tout ! Je veux mon argent.

GUIGNOL

Je ne te dois plus rien !

GNAFRON

Je te dis que tu me payeras !

GUIGNOL

Je te dis que non !

GNAFRON

Eh bien, je vais te faire payer par force ! (*Il s'avance sur Guignol.*)

GUIGNOL

Ah ! tu veux te fâcher ! Eh bien, à nous deux ! (*Ils se battent et Guignol jette Gnafron à l'eau.*)

GNAFRON, *criant dans la coulisse.*

Au secours ! Guignol ! Je me noie ! Au secours ! Tu ne me dois rien, Guignol ! Tu ne me dois plus rien !

GUIGNOL

A la bonne heure ! Tu deviens raisonnable ! Allons ! tu as bu une bonne goutte, c'est assez ! Je veux bien te repêcher ! Tiens ! attrape ma ligne ! (*Il jette sa ligne, Gnafron s'y accroche et reparaît der-*

rière le parapet.) Nom d'un rat! Je n'ai jamais pris un si gros poisson que ça! Allons! va te changer, vieux, si tu ne veux pas t'enrhumer; et rappelle-toi bien que c'est toi, à ton tour, qui me dois quarante-neuf francs et qu'il faut me les payer.

GNAFRON

Te payer! Scélérat! Toi qui m'as fait bâtonner par le pharmacien, qui m'as fait boire un coup! Va, je me vengerai, Guignol, et pas plus tard que tout de suite. Je cours prévenir les gendarmes! (*Il sort en courant.*)

GUIGNOL

Eh bien! Ayez donc de l'humanité! Je lui sauve la vie et il veut me faire arrêter. Ça ne m'arrivera plus! Bon! voilà ma femme! Je ne pourrai donc pas pêcher en paix! Qu'est-ce qu'elle veut?

SCÈNE VII

GUIGNOL, MADELON

MADELON

Eh bien, et ces poissons? Où sont-ils?

GUIGNOL

Les poissons! Ah bien, le père Gnafron est venu me faire une scène, crier, faire du bruit! Ça les a effrayés, je n'ai rien pris!

MADELON

Tu n'as rien pris ! Je parie qu'au lieu de pêcher, tu as encore été au cabaret avec cet ivrogne de Gnafron !

GUIGNOL

Voyons, ne te fâche pas ! Je n'ai pas pris de poissons, c'est vrai ! Mais regarde : voilà une savate qui ira joliment bien à ton pied ; et ce bonnet de coton sur ta tête, et cette chaussette sur ta jambe, et cette casserole et ce torchon dans ta cuisine, sans compter ce hareng saur que tu mangeras pour ton souper !

MADELON

Tu te moques de moi ! Mais tu vas me le payer ! (*Elle le bat.*) Tiens, bandit ! Tiens, brigand ! Tiens, ivrogne !

GUIGNOL

Ah ! c'est ainsi ! Tu me bats ! Prends garde ! ne me mets pas en colère !

MADELON

Attends ! Scélérat ! Tu ne me fais pas peur. Tiens ! Prends celui-là !

GUIGNOL. *Ils se battent.*

Et toi, prends cet autre ! (*Dans la lutte, Guignol jette sa femme par-dessus le parapet.*) As-tu ton compte ? Tu voulais des poissons ! Va les prendre !

MADELON, *criant dans la coulisse.*

Au secours ! Je me noie ! Au secours !

GUIGNOL

Oui ! crie ! Il n'y a pas de danger que je te repêche, toi ! J'ai bien retiré le papa Gnafron tout à l'heure, c'est le tort que j'ai eu ! Aussi on ne m'y reprendra plus ! Me voilà débarrassé de ma femme ; elle ne me dira plus de sottises, elle ne me donnera plus de coups ! Je serai bien tranquille et je ne serai plus obligé de la nourrir ! Quel débarras ! — Voyons ! Vais-je pouvoir pêcher en paix maintenant ? Faisons seulement bien attention de ne pas repêcher ma femme ! (*Il jette sa ligne.*)

SCÈNE VIII

GUIGNOL, LE GENDARME

LE GENDARME

Ah ! ah ! voici donc le gaillard qui a jeté le père Gnafron à la rivière ! Nous allons procéder à son arrestation. Hé ! l'ami !

GUIGNOL

Passez votre chemin, et laissez-moi tranquille ! (*Il se détourne. — A part.*) Ah ! nom d'un rat ! un gendarme ! c'est Gnafron qui l'a envoyé.

LE GENDARME

C'est vous le nommé Guignol ? Eh bien, vous allez me suivre, je vous arrête.

GUIGNOL, *à part.*

Ne perdons pas la boule ! (*Haut.*) Vous m'arrêtez ? Pourquoi ?

LE GENDARME

Parce que vous avez battu le père Gnafron et que vous l'avez jeté à l'eau.

GUIGNOL

Il vous a dit ça, le vieux scélérat ! Mais c'est lui, au contraire, qui a jeté ma femme à la rivière. Tenez, regardez-la ; elle est là à côté du pont.

LE GENDARME

Comment, votre femme est dans l'eau et vous ne la retirez pas ! Mais elle va se noyer !

GUIGNOL

Peut-être bien ! Mais ça me fait tant d'effet, que je n'ai de courage à rien !

LE GENDARME

Voyons donc si c'est vrai ! Vous m'avez l'air encore de me conter une blague, mais je ne suis pas si naïf que cela et vous allez venir avec moi au poste.

GUIGNOL

Si c'est vrai ! Regardez plutôt ! (*A part.*) M'emmener au poste ! Moi, Guignol ! Ah ! mais non ! (*Le gendarme regarde par-dessus le parapet.*) Tenez ! voyez-vous ! là-bas, au fond ; regardez bien !

LE GENDARME

Où ça?

GUIGNOL

Au fond, là-bas! Ah! mais, si vous ne la voyez pas de loin, allez la voir de plus près. (*Il saisit le gendarme et le jette à la rivière.*)

LE GENDARME, *criant dans la coulisse.*

Au secours! A moi! Je me noie!...

GUIGNOL

Ne criez pas comme ça! L'eau va vous entrer dans la bouche! Cherchez ma femme, elle est dans le fond!

SCÈNE IX

GUIGNOL, GNAFRON

GNAFRON

Comment! Guignol est encore là! On ne l'a donc pas arrêté? Je ne vois pas le gendarme! Où peut-il être? (*Appelant.*) Gendarme! Gendarme!

GUIGNOL, *se détournant.*

Ah! Gnafron! Qu'est-ce que tu viens faire ici? Tu n'as donc pas encore assez de ton bain de tout à l'heure? Tu cherches le gendarme que tu as envoyé pour me pincer? Veux-tu le voir?

GNAFRON

Où est-il donc?

GUIGNOL

Où il est ? Tiens, regarde, il est là-bas en train de boire un coup ! Vois comme il en avale ! Il faut qu'il ait rudement soif!

GNAFRON

Comment! tu as jeté le gendarme à l'eau! Où est-il, je vais lui porter secours ! (*Il se penche sur le parapet.*)

GUIGNOL

Ah! tu veux le ramener! Tiens! va le retrouver (*Il jette Gnafron à l'eau.*)

GNAFRON

Guignol! Guignol ! A moi ! au secours ! je me noie! je suis perdu !

SCÈNE X

GUIGNOL

Fallait pas aller chercher le gendarme ! Ah! tu voulais me faire mettre en prison! Tiens! attrape ça, et ça, et ça ! (*Il jette dans l'eau tous les objets pêchés par Gnafron.*) Je ne te dois plus rien, tu as ton compte! Ouf! (*Au public.*) Eh bien, j'ai fait de la belle besogne ! Voilà ce que c'est que d'être un peu vif! Ils sont tous noyés! Madelon, le gendarme et Gnafron! Nom d'un rat! Qu'est-ce que je vais devenir à présent? Je reste tout seul! Je n'aurai plus mon ami Gnafron pour aller au cabaret, plus de femme pour me disputer, plus de gendarme pour m'arrêter. Je reste seul, tout seul, avec mes créanciers qui vont me tomber dessus. Non! Je m'ennuierais trop! La vie serait trop triste! Je n'aime pas la solitude! Allons, Guignol, dis-toi adieu! (*Au public.*) Excusez-moi si je vous quitte comme cela, mais je vais rejoindre la société. (*Il se retourne et se jette à l'eau.*)

RIDEAU

INDICATIONS

DÉCOR

Une forêt au fond. — Maisons aux coulisses de droite et de gauche. — Pont placé derrière ces coulisses et traversant la scène. — Ce pont sera fait avec une planche légère peinte comme un parapet en pierres ou en briques. Entie ce pont et la planchette qui borde le devant du théâtre, il doit y avoir suffisamment de place pour faire mouvoir les Guignols et autant aussi derrière le parapet, de façon à ce que les personnages puissent passer sur le pont et être rejetés au dehors.

COSTUMES

Costumes traditionnels.

GUIGNOL.
GNAFRON.
MADELON.
UN GENDARME.

ACCESSOIRES

Canne à pêche ; la ligne est faite avec une ficelle, du fouet par exemple, et doit avoir au bout un crochet. — Petite épuisette (pas indispensable). — Panier. — Une savate — Un bonnet de coton. — Une casserole. — Une chaussette. — Un torchon, ou plutôt une guenille. — Un hareng saur.

OBSERVATIONS

On fera un trou au parapet pour fixer la ligne de Guignol.

Pour jouer cette pièce seul, placement des personnages.

		MAIN GAUCHE	MAIN DROITE
Scènes	I.	....	Guignol
—	II.	Gnafron..................	—
—	III.	Madelon..................	—
—	IV.	—	—
—	V.	Gnafron	—
—	VI.	Gnafron	—
—	VII.	Madelon..................	—
—	VIII.	Le gendarme...............	—
—	IX.	Gnafron	—
—	X	—	—

OBSERVATIONS

Guignol pose sur la planchette son attirail de pêcheur. — C'est aussi sur la planchette qu'il pose les objets pêchés qu'il accrochera à sa ligne, de la main gauche.

IV

LE SAC DE POMMES DE TERRE

IV

LE SAC DE POMMES DE TERRE

PIÈCE EN UN ACTE

Personnages :

GRAFFIGNON, propriétaire.
BÉTINET.
PANDORE, gendarme.
BIBI LAPIN.
COCO L'ALLOUETTE.

DÉCOR

Une place publique. — A droite : maison de Graffignon. A gauche : un banc.

SCÈNE PREMIÈRE

BIBI, COCO, *entrant par le fond à droite. Coco entre le premier ; ils portent à eux deux un sac.*

COCO

Allons, viens, Bibi, ne traîne pas ! la sacoche est lourde.

BIBI

Je crois bien ! Il doit y avoir gros là-dedans.

COCO

Je t'en réponds ! Ça doit être de l'or ! Le père Graffignon est avare, il ne collectionne pas de gros sous.

BIBI

Et tu es sûr qu'on ne nous a pas vus ?

COCO

Parbleu ! Il n'y a personne dans la maison, tu le sais bien. Le père Graffignon vit tout seul comme un grigou, il n'y a pas de bonne et nous l'avons vu sortir avant d'entrer chez lui.

BIBI

C'est juste ! mais il peut rentrer ; ne restons pas ici.

COCO

Saprelotte ! C'est que le sac est lourd, nous n'irons pas loin comme ça, et nous pourrions le rencontrer. Si nous partagions tout de suite le magot ?

BIBI

Ici ? Mais on peut nous voir ! Le mieux serait de le cacher quelque part ; nous reviendrions ensuite le chercher quand il fera nuit.

COCO

C'est une idée ! Mais où ?

BIBI

Où? je ne sais pas... Tiens, voici un banc, il ne vient pas grand monde par ici. On n'ira pas chercher dessous; mettons-le là.

COCO

C'est bien scabreux! Pourtant oui, personne ne songera à chercher un trésor là-dessous; nous couvrirons le sac avec un peu de terre, et ce soir nous viendrons le reprendre.

BIBI

C'est çà. (*Ils cachent le sac sous le banc.*) Tiens! le voilà bien placé... On ne le voit plus. Dans une heure il fera nuit, et alors!...

COCO

Et maintenant, filons! J'ai toujours peur que le père Graffignon ne rentre. (*Ils sortent par la gauche.*)

SCÈNE II

GRAFFIGNON, *entrant par la gauche.*

Hé! hé! Je n'ai pas été absent trop longtemps! Je n'aime pas à laisser ma maison seule! Il y a tant de voleurs! Mais j'ai de bonnes serrures et de bonnes clefs, et puis on ne trouverait certainement pas la cachette où je mets mon argent. Car je suis malin, moi! — J'ai remarqué, en lisant les journaux, que les voleurs s'adressaient toujours aux coffres-forts ! J'en ai bien un, mais je ne laisse rien dedans ! Ma cachette est plus sûre : j'ai mis mes écus dans un sac de pommes de terre, dans un grenier, au milieu des autres sacs... Jamais un voleur ne s'imaginera d'aller le chercher là !... Allons ! rentrons et allons voir si mon magot est toujours à sa place. (*Il rentre chez lui à droite.*)

SCÈNE III

BÉTINET, *entrant par le fond à droite.*

Pas de veine ! Non, vraiment, pas de veine ! Depuis un mois, il m'en arrive de toutes sortes ! J'avais une femme, une femme qui m'aimait, à preuve que tous les jours, elle me donnait une tripotée... Eh ben ! comme elle voyait que je m'y habituais, elle m'a lâché... et d'une ! J'avais une place, chez un cordonnier, j'y recarrelais ses souliers, et hier, v'là qu'il me dit : « J' fais pas assez d'affaires, j' peux pas te payer et je n' peux plus te nourrir. Cherche ailleurs ! » Et me v'là, je cherche et je ne trouve pas ! Avec ça que je n'ai point mangé et que je meurs de faim. Qu'est-ce que je vas devenir, ô mon Dieu ! Et pourtant c'est pas ma faute d'avoir cherché partout.

Air : *les Veinards de Bidard.*

J' voulais m' placer, ou chez un huissier,
Chez l'épicier,
Le menuisier ;

Et puis j'ai vu le tapissier,
Le papetier,
Le pâtissier ;

Les uns m'ont envoyé fair' pendre,
Les autr's n'ont pas voulu me prendre.
C'est désolant! Et v'là pourquoi
Je n'ai pas pu trouver d'emploi!

Malheur ! Allons ! v'là un banc, j' vas m' coucher d'sus et tâcher de dormir! Qui dort dîne! (*Il se couche sur le banc.*)

SCÈNE IV

GRAFFIGNON, *sortant rapidement de chez lui.*

On m'a volé! Au voleur! Je suis ruiné! Ah! les brigands! les scélérats! Ils ont forcé toutes mes serrures et ils ont trouvé mon magot qu'ils ont emporté! Je suis un homme perdu! Je n'ai plus qu'à me jeter à l'eau! Mais ça ne m'avancerait à rien! Ça ne me ferait pas retrouver mon argent! — Allons plutôt à la gendarmerie. Les gendarmes ont pour profession de prendre les voleurs. Il faudra bien qu'ils trouvent le mien... et qu'ils me fassent rendre mon argent! Allons! (*Il sort par la gauche.*)

SCÈNE V

BÉTINET, *sur son banc, rêvant.*

Je sens des odeurs de saucisson et de soupe aux choux! Je vais donc pouvoir manger tout à mon

6

aise ! (*Il ronfle. Un papillon voltige sur lui et le chatouille.*) Non ! laissez-moi ! Ah ! bien non ! Je veux manger, j'ai faim !... Ah ! (*Il tombe du banc qui se renverse.*) Oh ! là là ! Où suis-je ! Par terre ! Je suis tombé du banc ! Oh ! quel dommage ! Je faisais un si beau rêve ! Je mangeais ! Je mangeais, moi qui ai le ventre vide ! — Sapristi... Voyons ! Remettons ce banc à sa place. (*Apercevant le sac.*) Qu'est-ce que c'est que ça ? Un sac ! Un sac très lourd, ma foi ! Qu'est-ce qu'il peut bien y avoir dedans ? (*Il palpe le sac.*) De l'argent ? De l'argent ! Oui, le sac est plein d'argent ! Comment ce sac est-il là ? — Je ne sais pas ! mais je l'ai trouvé, il est à moi ! Je le garde puisque personne ne le réclame ! On dit que la fortune vient en dormant ; je ne le croyais pas, mais maintenant je ne puis pas dire le contraire. Qu'est-ce que je vais faire de tout cet argent-là ? Oh ! d'abord, je vais manger ! Manger une bonne soupe aux choux, comme dans mon rêve ! Et puis... j'achèterai une belle boutique, une boutique de restaurant pour être sûr de toujours manger... Ah ! je n'ai plus sommeil maintenant.

Air : *Les Plongeurs à cheval.*

I.

J' veux avoir un bar-restaurant } *bis.*
Le premier du département, }
Orné de jolis verres,
— Pas l' département,

Mais le restaurant, —
Orné de jolis verres
Et de grands plats d'argent!

2.

Tous les matins, mon cuisinier, } *bis.*
Solide comme un grenadier,
Partira pour la halle,
— Pas le grenadier,
Mais le cuisinier, —
Partira pour la halle,
Pour la halle au gibier.

3.

J'aurai de même un marchand d' vin, } *bis.*
Lequel est un fameux lapin,
Qui remplira ma cave,
— Non pas le lapin,
Mais le marchand d' vin, —
Qui remplira ma cave
D'excellent Chambertin!

4.

En attendant, mon Bétinet, } *bis.*
N' te serr' pas l' ventr' comme un baudet,
Va-t-en manger ta soupe...
— Non pas, toi, Baudet!
Mais toi, Bétinet! —
Va-t'en manger ta soupe
Chez l' premier mastroquet!

Allons mettre à l'abri notre fortune! (*Il sort par la droite au fond.*)

SCÈNE VI

GRAFFIGNON, PANDORE, *entrant par la gauche.*

PANDORE

Voyons! Expliquez-vous correctement, car depuis un instant que vous me parlez, je n'ai pas encore compris un mot de ce que vous m'avez dit.

GRAFFIGNON

Je vous ai dit que j'ai été volé.

PANDORE

Vous avez eu tort!

GRAFFIGNON

Comment, j'ai eu tort! Alors c'est le voleur qui a raison?

PANDORE

Non! il a eu tort aussi! Et où est-il ce voleur?

GRAFFIGNON

Je ne sais pas?

PANDORE

Comment, vous ne savez pas! Vous avez tort.

GRAFFIGNON

Comment? j'ai tort, j'ai toujours tort?

PANDORE

Je ne puis pas pourtant vous dire que vous avez raison d'être volé et que vous avez raison de ne pas connaître votre voleur. Enfin qu'est-ce que vous voulez ?

GRAFFIGNON

Je veux que vous pinciez le voleur et que vous me rendiez mon argent.

PANDORE

Et où était-il votre argent ? Où l'aviez-vous mis ?

GRAFFIGNON

Dans un sac de pommes de terre.

PANDORE

Vous avez eu tort.

GRAFFIGNON

Encore !

PANDORE

Sans doute ! Puisqu'on vous l'a pris. Si vous l'aviez mis en sûreté, vous l'auriez encore.

GRAFFIGNON

Sans doute ! Mais je croyais l'avoir mis en sûreté.

PANDORE

Ce que vous me dites est complètement efféminé !

GRAFFIGNON

Comment cela, efféminé ! Pour qui me prenez-vous ?

PANDORE

Efféminé, ça veut dire frivole ! Tenez ! j'ai une montre ! C'est un objet précieux, n'est-ce pas ? Je ne

6.

voudrais pas la perdre! J'y tiens! Eh bien, je l'ai mise dans ma poche de gilet — elle y est toujours! Tandis que si je l'avais mise dans un sac de pommes de terre... Eh bien!... Je ne l'aurais peut-être plus maintenant.

GRAFFIGNON

Mais je ne pouvais pas mettre tout mon argent dans ma poche de gilet.

PANDORE

Vous avez tort de vous défendre. Mais passons! Donc, vous avez mis votre argent dans un sac de pommes de terre?

GRAFFIGNON

Oui! Et je ne sais pas qui m'a volé.

PANDORE

Je le sais, moi! C'est un voleur. Or, comme c'est mon métier de pincer les voleurs, je le pincerai. Avez-vous, chez vous, d'autres sacs de pommes de terre?

GRAFFIGNON

Oui! Et ils sont tous marqués à mon nom.

PANDORE

Mais dites-le donc! Allez-moi en chercher un. (*Graffignon va chercher un sac.*) Suivez bien mon raisonnement : — Un voleur vole! — Bien! — Il n'est pas pris! — Bien! Or, un voleur doit toujours être pris! — Bien! — Maintenant, comme il est reconnu qu'un voleur volera jusqu'à ce qu'il soit pris, il faut lui donner quelque chose à voler, car s'il n'a rien à voler, il ne volera pas ; s'il ne vole pas, il n'est pas voleur, et s'il n'est pas voleur, je n'ai rien à faire ici ! C'est clair !

GRAFFIGNON, *revenant avec le sac.*

Voilà le sac ! Voyez ! mon nom est marqué dessus.

PANDORE

Très bien ! Mettez-le sur ce banc. — Il y a mille à parier contre un qu'un voleur le prendra. — Moi, je vais me mettre en observation aux environs ; vous, vous allez rentrer chez vous et ne sortir que quand je vous appellerai. Dans dix minutes d'ici le tour sera joué. Le voleur sera pincé.

GRAFFIGNON

Mais mon argent ? Qui me le rendra ?

PANDORE

Ah ! vous en voulez trop à la fois. Pinçons toujours le voleur, l'argent viendra après.

GRAFFIGNON

Eh bien, soit ! Je rentre ! (*Il rentre chez lui à droite.*)

PANDORE

Et moi je veille ! (*Il sort à gauche.*)

SCÈNE VII

COCO, *arrivant avec précaution par la gauche et portant un sac.*

J'ai fini par me débarasser de Bibi. — C'est gênant, un complice ! D'abord il faut partager avec lui, ensuite il peut vous dénoncer. Il ne voulait pas me lâcher, le malin ! il se méfiait de moi ; mais je l'ai mis en face d'une bonne tasse de café et je lui ai dit que j'allais chercher des cigares ! Il m'attendra longtemps ! — Voyons donc si le sac est encore à sa place. Oui, le voici ! mais il était sous le banc et le voici dessus ! Oh ! oh ! on y a touché ! Il est temps de le reprendre. (*Il prend le sac et va pour sortir.*)

SCÈNE VIII

COCO. PANDORE, *entrant par la gauche.*

PANDORE, *arrêtant Coco.*

Un instant ! Qu'est-ce que vous portez là ?

COCO, *à part.*

Je suis pincé ! (*Haut.*) Vous le voyez bien, c'est un sac, un sac qui est à moi.

PANDORE

A vous ? Nous allons bien voir ! Qu'est-ce qu'il y a dans ce sac ?

COCO

Il y a... Il y a... des choses qui m'appartiennent.

PANDORE

Et qu'est-ce que c'est ? Nous allons bien voir si c'est à vous.

COCO

Eh bien, il y a ma recette de la journée.

PANDORE

Ah ! ah ! Drôle de recette ! On vous paye donc en pommes de terre ? Ce sac en est plein...

COCO, *à part.*

Comment des pommes de terre ? Est-ce que Bibi m'aurait devancé et aurait mis ce sac-là à la place de l'autre ?

PANDORE

Et puis, comment vous appelez-vous ?

COCO

Mon nom ? Je m'appelle Coco Lallouette !

PANDORE

C'est bien votre nom ?

COCO

Parbleu ! Je sais bien comment je m'appelle, peut-être ?

PANDORE

Parfait. — Eh bien, regardez sur ce sac ; il y a le nom du propriétaire : Graffignon, que vous avez volé! — Allons! je vous arrête. Placez là ce sac et suivez-moi.

COCO

Mais je vous dis que...

PANDORE

Allons! Ne faites pas de résistance! Ce serait inutile! (*S'adressant à gauche.*) Monsieur Graffignon! Le sac est à votre porte, reprenez-le. — J'ai pincé le voleur! — Allons, mon brave, en prison, en prison! (*A part.*) J'étais bien sûr qu'il ne m'échapperait pas! (*Ils sortent par la gauche.*)

SCÈNE IX

GRAFFIGNON, *sortant de chez lui, à droite.*

Me voici! Me voici, gendarme! (*S'emparant du sac.*) Ah! mon sac! Enfin je le retrouve! Mais ça n'est pas le bon, sapristi! C'est le sac de pommes de terre, mais ce n'est pas mon sac d'argent... Gendarme! Gendarme! Il ne m'entend pas! Rentrons toujours ce sac-là. Tout à l'heure j'irai à la gendarmerie pour savoir ce qu'est devenu l'autre. (*Il rentre chez lui avec le sac.*)

SCÈNE X

BIBI, *entrant avec précaution par la gauche.*

J'aurais dû me méfier de Coco! Il m'a planté au

café devant une demi-tasse ; je suis sûr qu'il est venu prendre le magot. Voyons donc. (*Il va au banc.*) Qu'est-ce que je disais ! Le sac n'y est plus ! Je suis volé ! Où le trouver maintenant ? Comme il doit se moquer de moi ! Ai-je été assez jobard ! Oh ! mais, si je le repince, je lui ferai son affaire. Ah ! quelle mauvaise idée ai-je eue de me faire voleur.

AIR : *de la Brouette de Pluton.*

On croit que pour être voleur
Il suffit d'être habile ;
Or, un complice est de rigueur
Quand l' coup est difficile.
Mais, l' complic' souvent.
File avec l'argent
Sans laisser une obole :
Moi, ça m' fait rager,
Car, j' veux bien voler,
Mais j' veux pas qu'on me vole !

SCÈNE XI

BIBI, BÉTINET.

BÉTINET, *entrant avec le sac d'argent, par la droite.*

Quand je vous disais que je n'ai pas de chance ! Le sac que j'ai trouvé a un propriétaire, M. Graffignon ! — C'est écrit sur la toile. Je ne suis pas un voleur, moi ; il faut que je le rende ! C'est dur, tout de même, de rendre une si grosse somme quand on a fait tant de projets et qu'on meurt de faim. Enfin, il le faut !

BIBI, *apercevant Bétinet.*

Tiens ! Qu'est-ce que c'est que celui-là ? On dirait qu'il porte mon sac.

BÉTINET, *regardant à gauche.*

Graffignon ! Oui, c'est là ; le nom est sur la porte.

BIBI

Oh ! Oh ! Ne laissons pas filer mon magot ! (*Abordant Bétinet.*) Bonjour, monsieur !

BÉTINET

Bonjour, monsieur. (*A part.*) Il n'est pas bien mis, mais il est bien poli.

BIBI

Vous portez un sac bien lourd.

BÉTINET

Je crois bien, monsieur, j'en ai les bras rompus ! C'est un sac que j'ai trouvé et que je vais rendre à son propriétaire, M. Graffignon.

BIBI

Ah ! Ah ! Vous connaissez M. Graffignon ?

BÉTINET

Moi ? Non ! Je ne l'ai jamais vu.

BIBI

Et vous voulez le voir ?

BÉTINET

Oui ! Pour lui rendre son sac.

BIBI

Eh bien, regardez-moi.

BÉTINET

C'est vous ? monsieur Graffignon ?

BIBI

Je crois bien que c'est moi ! En voulez-vous une preuve ? Tenez, je demeure là.

BÉTINET

C'est vrai !

BIBI

Et vous avez trouvé mon sac là, sous ce banc !

BÉTINET

C'est vrai ! Allons ! Je vous le rends ! Je vois bien qu'il est à vous.

BIBI

Merci !

BÉTINET

Vous ne me donnerez pas quelque petite chose pour la peine ?

BIBI

Si ! Si ! Vous êtes un brave homme. Je n'ai pas de monnaie sur moi, mais revenez dans un instant. Je vous récompenserai.

BÉTINET

Je n'y manquerai pas ! Au revoir, monsieur. (*A part.*) Allons, consolons-nous ! Au lieu d'une fortune, j'ai peut-être trouvé de quoi dîner; c'est toujours ça! (*Il sort par la gauche.*)

SCÈNE XII

BIBI, *puis* PANDORE *entrant par la gauche.*

BIBI

Voilà ce que c'est que de n'être pas un imbécile! J'ai retrouvé le magot. Mon pauvre Coco, je te demande pardon de t'avoir soupçonné; mais puisque tu n'as pas été si malin que moi, tant pis pour toi! Je garde tout! et je me sauve. (*Il va pour sortir en emportant le sac.*)

PANDORE, *entrant*

Halte-là! Où allez-vous comme ça?

BIBI, *à part.*

Aïe! Un gendarme! pincé! — (*Haut.*) Je vais, je vais...

PANDORE

Vous ne savez pas où vous allez! Eh bien, je vais vous le dire! Vous allez en prison!

BIBI

En prison! Moi! Pourquoi? Qu'est-ce que j'ai fait?

PANDORE

Vous ne savez pas ce que vous avez fait? Je vais vous le dire. — Connaissez-vous un nommé Coco

Lallouette? Ne dites pas non! Vous le connaissez! C'est un garçon qui vous aime bien, à preuve qu'il s'ennuie sans vous. — Ne bougez pas, je suis armé! — Alors, Coco m'a raconté votre petite histoire.

BIBI

Quelle histoire?

PANDORE

L'histoire du sac, du sac que vous portez et que vous allez placer là.

BIBI

Ce gredin de Coco qui m'a dénoncé! Il me payera cela!

PANDORE

Allons! allons! mon gaillard, en route! Venez retrouver votre camarade! (*S'adressant à gauche.*) Monsieur Graffignon! Monsieur Graffignon!

VOIX DE GRAFFIGNON, *dans la coulisse.*

Me voilà! Qu'est-ce qu'il y a?

PANDORE

Votre sac est retrouvé. Il est là, venez le prendre. (*A Bibi.*) Allons! Ouste! (*Ils sortent par la gauche.*)

SCÈNE XIII

GRAFFIGNON, *sortant de chez lui, à droite.*

Il est retrouvé! Mon sac! Mon magot! Mon trésor! Où est-il? (*Prenant le sac.*) Oui, le voilà! c'est bien lui! Mon cher sac!

AIR : *Derrière l'omnibus.*

Dans un sac de pommes de terre
J'avais mis mon petit trésor,
Pensant dérouter les compères,
Mais il paraît que j'avais tort.
Ce n'est pas ça qu'il fallait faire,
Car les voleurs me l'ont volé
Et j'étais très désolé
De me voir ainsi pillé!
Mais le gendarme diligent,
Tra la la la la,
S'est montré très intelligent,
Tra la la la la,
Et m'a fait rendre mon argent,
Tra la la la la.

SCÈNE XIV

GRAFFIGNON, BÉTINET, *entrant par la gauche.*

BÉTINET

Ah! monsieur, je viens pour la petite récompense.

GRAFFIGNON

Quelle récompense?

BÉTINET

Tiens, ce n'est plus le même monsieur! Et il a le sac! — Vous êtes bien monsieur Graffignon?

GRAFFIGNON

Sans doute, c'est moi! Que voulez-vous?

BÉTINET

Je veux!... Sapristi, vous avez de la chance.

GRAFFIGNON

Expliquez-vous ? Je ne comprends pas.

BÉTINET

Eh bien, voilà! J'avais trouvé votre sac, là, et l'avais emporté croyant qu'il n'était à personne; mais en route, je lus votre nom sur la toile ; alors, je me dis : « Il faut le rapporter. » Ce que j'ai fait; et j'ai, tout à l'heure, trouvé ici un individu qui m'a dit qu'il était M. Graffignon. Alors je lui ai remis le sac et il m'a promis une récompense que je venais chercher.

GRAFFIGNON

Cet individu était un voleur, qui est en prison maintenant.

BÉTINET

Tant mieux pour vous ! monsieur. Pour moi, définitivement, je n'ai pas de chance! Pas de magot! Pas de récompense! Et je meurs de faim.

GRAFFIGNON

Et pourquoi rapportiez-vous le sac ?

BÉTINET

Dame! Puisque votre nom était dessus, c'est qu'il était à vous! Je ne pouvais pas le garder.

GRAFFIGNON

Vous êtes donc honnête ?

BÉTINET

Je ne sais pas !

GRAFFIGNON

Je m'y connais, moi, vous devez l'être ! Voulez-vous rester chez moi, je vous nourrirai ?

BÉTINET

Et qu'est-ce que j'aurai à faire ?

GRAFFIGNON

Vous garderez mon magot... Sans y toucher, bien entendu !

BÉTINET

Ah ! monsieur ! Vous me sauvez la vie ! J'accepte !

GRAFFIGNON

Bravo ! Au moins, moi aussi, j'aurai fait une bonne action ! (*Au public.*)

AIR : *Distribution d'un bœuf à un régiment.*

Aimable public, la coutume autrefois
Etait, à la fin d'une pièce,
De vous demander dans un couplet de choix
Si vous approuviez sa finesse.
Nos aïeux, toujours satisfaits
Quand ils avaient ri, nous applaudissaient.
Vous ne pouvez pas faire mieux
Que de nous applaudir comme eux !

INDICATIONS

DÉCOR

Place publique. — A droite, maison de Graffignon. A gauche, autre maison devant laquelle se trouve un banc posé sur la tablette.

COSTUMES

GRAFFIGNON, costume de Cassandre.
BÉTINET, costume de Guignol ou de paysan.
PANDORE, costume de gendarme.
BIBI LAPIN, ouvrier.
COCO L'ALLOUETTE, brigand.

ACCESSOIRES

Un sac gros comme une pomme, un peu allongé (sac de pommes de terre en petit) et pouvant se glisser sous le banc. — Un autre sac semblable sur lequel est écrit en grosses lettres : GRAFFIGNON. — Un banc de bois. — Un papillon en papier attaché au bout d'un fil de fer.

MUSIQUE

N° 1.	Scène III.		Air : « Ces veinards de Bidards. »
— 2.	—	V.	Air : « Les plongeurs à cheval. »
— 3.	—	X.	Air : « La Brouette de Pluton. »
— 4.	—	XII.	Air : « Derrière l'omnibus. »
— 5.	—	XIV.	Air : « Distribution d'un bœuf à un régiment. »

Pour jouer cette pièce seul, placement des personnages.

	MAIN GAUCHE	MAIN DROITE
Scène I.	Bibi.	Coco.
— II.		Graffignon.
— III.		Bétinet.
— IV.	Graffignon.	
— V.		Bétinet.
— VI.	Graffignon.	Pandore.
— VII.	Coco.	
— VIII.	Coco.	Pandore.
— IX.	Graffignon.	
— X.	Bibi.	
— XI.	Bibi.	Bétinet.
— XII.	Bibi.	Pandore.
— XIII.	Graffignon.	
— XIV.	Graffignon.	Bétinet.

V

LE GRAND PALOT

V

LE GRAND PALOT

COMÉDIE EN UN ACTE

Personnages :

LE MARQUIS DE LA BOUSTIFAILLE.
SAUCIQUET, cuisinier.
POIVROTIN, maître d'hôtel.
FRITOUILLARD, pâtissier.
PIERROT, valet de chambre.

Une forêt (gros arbres à droite et à gauche, premier plan).

SCÈNE PREMIÈRE

POIVROTIN, *entrant par la gauche.*

Quelle belle forêt ! Que c'est beau la nature ! Quand on songe que tous ces arbres vivent comme nous ! — Hum ! — Pensent-ils comme nous ? — qu'ils sont gourmands comme nous le sommes ; seulement eux, ils mangent de la terre, et nous, nous en mangeons les produits ; qu'ils sont altérés comme nous le sommes ; seulement ils ne boivent que de l'eau, et nous !... Ah ! j'ai de drôles d'idées dans la tête, ce matin ! mais je vais vous dire pourquoi. (*Il va voir au fond.*) Personne ! Écoutez ! Le marquis de la Boustifaille est un grand personnage ! C'est lui qui est chargé à la cour de compter les gâteaux que l'on mange les jours de réception ! Et ce n'est pas une sinécure ! Il a trois serviteurs : Sauciquet, son cuisinier, Fritouillard, son pâtissier, et moi Poivrotin, son maître d'hôtel ! Nous étions quatre, mais il y a deux jours, nous avons fait renvoyer Pierrot, son valet de chambre, un grand pâlot qui s'avise d'être honnête quand nous ne le sommes pas ! (*Il retourne au fond, puis après avoir constaté qu'on ne l'écoute pas, il redescend la scène.*) Le marquis de la Boustifaille a fait, ces jours-ci, un héritage. Un gros financier, qu'il protégeait à la cour, est mort d'indigestion et, en remerciement, lui a légué une assez grosse somme. Notre maître n'en eût rien fait, il est riche ! Nous, nous avons songé à l'en débarrasser. Pierrot, seul, eut des scrupules et il eut bien tort, car nous l'avons fait renvoyer et nous nous sommes emparés du trésor que nous nous sommes partagé... Quand on s'apercevra du larcin, c'est lui que l'on accusera. Et voilà comme quoi nous avons fait valoir le proverbe : « Il faut hurler avec les loups. » (*Il regarde de tous côtés.*) Cet endroit me paraît suffisamment solitaire pour y déposer un trésor. Je vais aller chercher mon magot et le cacher au pied d'un de ces arbres ; il sera ici plus en sûreté que chez un banquier. (*Il sort à droite.*)

SCÈNE II

FRITOUILLARD *et* SAUCIQUET, *entrant par la gauche.*

FRITOUILLARD

Arrêtons-nous ici, mon cher Sauciquet. As-tu jamais vu un endroit plus charmant ?

SAUCIQUET

Jamais ! mon cher Fritouillard ! Ici, loin des cours et des basses-cours, on vivrait heureux ! Tiens, si je pouvais, avec mon petit trésor, je me ferais construire ici une maisonnette.

FRITOUILLARD

Et moi, un palais avec des dorures, des glaces, des beaux meubles, des tapis et des belles statues !

SAUCIQUET, *poursuivant son idée.*

Oui, une petite maison ! Un simple rez-de-chaussée, avec une grande cuisine, une grande salle à manger et une immense cave toute pleine.

FRITOUILLARD

Tu te chargerais de la vider promptement.

SAUCIQUET

Écoute, Fritouillard, nous possédons tous deux la même somme, n'est-ce pas ?

FRITOUILLARD

Oui ! C'est le produit des libéralités inconscientes de notre maître, le marquis de la Boustifaille.

SAUCIQUET

Unissons-les ! Nous en jouirons doublement ! Ne sommes-nous pas amis ?

FRITOUILLARD, *à part.*

Amis ! amis ! Nous avons fait un mauvais coup ensemble, nous sommes complices ! (*Haut.*) Il y a beaucoup d'amis comme nous ici-bas.

SAUCIQUET

Vois-tu, Fritouillard ! Comme ça serait gentil ! Une maison dans cet endroit ; ici, ta chambre, là, la mienne ! De temps en temps, nous verrions nos amis, les riches seulement ; nous jouerions avec eux, nous leur gagnerions leur argent et cela entretiendrait notre bombance !

FRITOUILLARD, *à part.*

Il veut me prendre mon argent ! Méfions-nous.

SAUCIQUET, *à part.*

Il n'a pas l'air de se soucier de ma proposition.

FRITOUILLARD

Malheureusement, mon cher Sauciquet, cela n'est pas possible ! J'ai résolu de placer mon argent chez n financier de mes amis qui a fait déjà deux ou ois fois de mauvaises affaires ; aussi l'estime-t-on eaucoup sur la place.

SAUCIQUET

Et pourquoi l'estime-t-on ?

FRITOUILLARD

Parce qu'on suppose que sa mauvaise chance est assée et qu'un homme qui a déjà éprouvé plusieurs ésastres peut mieux les éviter à l'avenir.

SAUCIQUET

Eh bien, alors, moi, je placerai mon argent à onds perdus. Il me rapportera plus et je serai sûr au noins de ne pas le gaspiller.

FRITOUILLARD

A ton aise ! Eh bien, au revoir, je cours chez mon banquier !

SAUCIQUET

Adieu ! Je vais chez mon notaire ! (*Ils sortent, Fritouillard par la droite, Sauciquet par la gauche.*)

SCÈNE III

POIVROTIN, *entrant avec un petit sac par la droite.*

Personne ! Il m'avait semblé pourtant entendre es voix ! Celle de ma conscience sans doute, qui est ne bavarde !... Oui ! l'endroit est bien choisi pour y cacher un trésor. Voyons, au pied de quel arbre vais-je l'enfouir? (*Regardant l'arbre de droite.*) Celui-ci? Oui. Le tronc est gros, les racines sont fortes, l'herbe est épaisse : personne ne viendra le dénicher là. (*Il place son sac sous l'arbre de droite.*) Là! Voilà qui est fait! Je sais bien qu'en cachant ainsi mon argent, il ne me rapportera pas! Mais j'ai trop grand'peur de le perdre! Car moi, je suis économe! Je ne suis pas gourmand comme Sauciquet ni frivole comme Fritouillard! Ah! si j'étais né riche, comme je serais honnête!... Quelqu'un! C'est Fritouillard! Oh! oh! En voudrait-il à mon argent?... Ne nous éloignons pas! (*Il sort par la gauche.*)

SCÈNE IV

FRITOUILLARD, *entrant par la droite avec son sac.*

Si je calcule bien, trois cents écus font neuf cents livres. C'est une somme! Une forte somme! Mais voilà! Je l'aurais bien donnée à un banquier, mais je ne paye pas de mine et j'ai eu peur qu'il ne me demandât d'où venait cet argent. C'est dommage! Bien placé, à de gros intérêts, il eût doublé en peu de temps! Enfin, nous verrons plus tard. Mettons-le provisoirement en sûreté. (*Il regarde l'arbre de gauche.*) Il me semble que sous cet arbre personne ne viendra le dénicher. Justement, voici une grosse racine sous laquelle je puis l'enfouir. (*Il cache son sac au pied de l'arbre de gauche.*) Là ! Voilà qui est fait ! Maintenant je suis plus tranquille ! (*Il sort à droite.*)

SCÈNE V

POIVROTIN, *entrant par la gauche.*

Est-il naïf, ce Fritouillard ! Il cache son trésor sans s'assurer qu'on ne le voit pas ! Ce n'est pas moi qui ferais une semblable imprudence. (*Il regarde de tous côtés.*) Je veux lui enlever tout souci de son argent et le faire prospérer avec le mien. (*Il prend le sac sous l'arbre de gauche.*) Ce pauvre sac ! Il s'ennuyait tout seul, je parie ? Je vais le mettre avec le mien. Ils se diront ensemble de jolies choses. (*Il le porte sous l'arbre de droite.*) Hé ! hé ! Mais mon argent n'était pas si mal placé ! Il m'a déjà rapporté cent pour cent ! Ce que c'est que d'être attentif ! Oh ! oh ! Voici Sauciquet. Mauvaise rencontre !

SCÈNE VI

POIVROTIN ; SAUCIQUET, *avec son sac, entrant par la droite.*

SAUCIQUET, *à part.*

Oh ! oh ! Poivrotin ! Que fait-il ici ?

POIVROTIN

Bonjour, Sauciquet ! Tu viens te promener à

l'ombre, mon gaillard! Hé! hé! Et tu viens contempler à l'aise, loin des curieux et des jaloux, ton petit magot.

SAUCIQUET, *à part.*

Il en veut à mon argent! Trompons-le! (*Haut.*) Mon petit magot! Hélas! mon cher Poivrotin, il n'en reste pas lourd!

POIVROTIN, *à part.*

Le fourbe! Il va me conter quelque histoire!

SAUCIQUET

J'avais entendu dire que les valeurs placées dans les entreprises industrielles rapportaient beaucoup; j'ai voulu en tâter. J'ai mis les deux tiers de mon argent dans la Société des verres de lunettes en acajou massif. Hélas! mauvaise affaire! Dès le début, le directeur a mis ses lunettes sur le nez de ses actionnaires, et, pendant qu'ils avaient les yeux bouchés, il a levé le pied avec la caisse.

POIVROTIN

En vérité!

SAUCIQUET

Aussi, ai-je résolu de boire le reste de mes écus. Au moins, j'en aurai profité!

POIVROTIN

C'est fort bien raisonné! Mais permets-moi de te dire que tu ne trouveras pas de marchand de vins dans cet endroit solitaire.

SAUCIQUET

Non! mais j'ai vu, à deux pas d'ici, une petite source bien claire et bien fraîche, et je t'offre d'y venir goûter avec moi.

POIVROTIN, *à part.*

Il veut m'éloigner d'ici! (*Haut.*) Merci, je n'ai pas soif!

SAUCIQUET, *à part.*

Comment le renvoyer!

POIVROTIN, *à part.*

Si je reste ici, il ne pourra pas cacher son argent; cédons-lui la place et cachons-nous dans cet endroit voisin où l'on voit tout sans être vu et qui m'a si bien servi tout à l'heure. (*Haut.*) Dis donc, Sauciquet?

SAUCIQUET

Quoi?

POIVROTIN

Veux-tu que je te donne un conseil?

SAUCIQUET

Un conseil! Dis toujours.

POIVROTIN

Eh bien, tu ferais bien de cacher tout de suite ton argent. Cette forêt n'est pas sûre. J'ai vu tout à l'heure des hommes de mauvaise mine rôder aux environs.

SAUCIQUET

Ah ! le coquin ! C'est à mon argent qu'il en veut (*Haut*). Bah ! Pour ce qui me reste. Je ne crains per sonne !

POIVROTIN

Eh bien, moi, je suis plus prudent ! Un mauvai coup est bien vite attrapé. Je m'en vais ! Mais re marque que je t'ai prévenu.

SAUCIQUET

Parfaitement! Bonjour, Trivelin !

POIVROTIN

Au revoir, Sauciquet ! (*Il sort par la droite.*)

SCÈNE VII

SAUCIQUET, *seul.*

Hé! Hé! Il sentait la chair fraîche, M. Poivrotin! Décidément, quand on a de l'argent, il est bien difficile de le garder! Tout le monde vous l'envie et voudrait se l'approprier! Voyons! cet arbre... (*Il désigne l'arbre de gauche*) me paraît avoir toutes les qualités d'un coffre-fort! Oui, il est gros, touffu et entouré de feuillages épais... mettons là notre sac! (*Il place le sac au pied de l'arbre.*) Là! me voici bien soulagé! Les voleurs peuvent venir, ils ne trouveront rien sur moi! Éloignons-nous maintenant pour qu'on ne soupçonne pas que je l'ai caché ici. (*Il sort par la gauche.*)

SCÈNE VIII

POIVROTIN, *rentrant par la droite.*

Eh mais! ce n'est pas plus difficile que cela! Faut-il qu'il soit naïf, Sauciquet! Ah! c'est comme cela qu'il voulait boire son argent! Eh bien, nous allons opérer une petite liquidation. (*Il va déterrer le sac sous l'arbre de gauche.*) Oui, voilà bien le sac; mettons-le avec les autres. (*Il va porter le sac sous l'arbre de droite.*) C'est cela! Les voilà bien tous les trois! C'est toute ma fortune! Ce soir, je reviendrai avec une valise et je reprendrai le tout; puis, demain matin, au petit jour, je partirai pour les Grandes-Indes! Là, du moins, on ne m'inquiétera pas et je pourrai faire valoir mon argent honorablement. (*Il sort par la gauche.*)

SCÈNE IX

LE MARQUIS DE LA BOUSTIFAILLE, PIERROT

LE MARQUIS

Tu seras pendu! Tu seras pendu! Tu seras pendu!

PIERROT

Mais, mon maître, je ne suis pas coupable. Vous m'avez déjà chassé! Vous voulez me pendre, maintenant! Dites-moi au moins ce que j'ai fait!

LE MARQUIS

Quelle impudence ! Je t'ai chassé parce que tu étais paresseux et gourmand, et je vais te pendre parce que tu es un voleur !

PIERROT

Voleur ! Moi ! Mais je suis un pauvre petit Pierrot déplumé, mon bon maître ! Je n'ai pas un sou vaillant, je meurs de faim, je n'ai pas déjeuné, et si vous me pendez, je ne dînerai pas ! — Ça doit être bien douloureux de mourir à jeun ?

LE MARQUIS

Ça, je ne sais pas ! — Ainsi tu affirmes que ce n'est pas toi qui m'as volé le trésor dont je venais d'hériter...

PIERROT

Je l'affirme, je le jure, je le...

LE MARQUIS

Assez ! Eh bien, tu as encore un moyen de sauver ton existence ! Si tu ne m'as pas volé, tu dois connaître le voleur, ou les voleurs, car on s'associe plus volontiers pour les mauvaises actions que pour les bonnes.

PIERROT, *à part.*

Certainement, que je connais les voleurs.

LE MARQUIS

Ainsi, tu m'as bien compris : Je te donne une

heure pour retrouver les larrons ou le trésor. Si dans ce délai tu ne peux me rendre l'un, ou me désigner les autres, tu seras pendu !

PIERROT, *suppliant.*

Mon bon maître !...

LE MARQUIS

Il n'y a pas de bon maître qui tienne ! J'ai dit. — Je te laisse, mais je ne m'éloigne pas. J'ai l'œil sur toi ! (*Il sort par la droite.*)

SCÈNE X

PIERROT, *seul.* — *La nuit tombe.*

Pendu ! Pendu ! Ah mais non ! Si je pouvais savoir seulement où ils ont caché leur argent !... Si je les dénonce, ils diront que ce n'est pas eux ! Quand on accuse, il faut prouver et je n'ai pas de preuves ! Mon Dieu ! Mon Dieu ! que je suis malheureux ! Être pendu si jeune ! Perdre tout d'un coup une existence qui commençait si bien ! Ne plus manger de bonnes choses ! Ne plus boire de bon vin ! Ne plus dormir tout mon soûl ! Pauvre Pierrot ! (*Il s'assied au pied de l'arbre de droite.*)

SCÈNE XI

PIERROT, *assis ;* POIVROTIN, *entrant par la gauche.*

POIVROTIN, *se dirigeant vers l'arbre de droite.* (*A part.*)

Voici le moment venu pour reprendre mon trésor !

PIERROT, *se levant tout à coup.*

Qui va là ?

POIVROTIN, *à part.*

Le grand Pâlot ! Il ne faut pas qu'il s'aperçoive de ma présence ici ! Je reviendrai un peu plus tard. (*Il sort par la gauche.*)

SCÈNE XII

PIERROT, *seul ; puis* FRITOUILLARD, *rentrant par la droite.*

PIERROT

J'ai reconnu Poivrotin ! C'est ici qu'est le trésor ! Mais où peut-il bien l'avoir caché. C'est peut-être sous cet arbre en face. (*Il se dirige vers l'arbre de gauche.*) Asseyons-nous ici... (*Il s'assied.*)

FRITOUILLARD, *se dirigeant vers la gauche.*

Allons voir si mon trésor n'a pas été déniché...

PIERROT, *se levant.*

Qui va là ?

FRITOUILLARD, *à part.*

Aïe ! aïe ! aïe ! Le grand Pâlot ! Il ne faut pas lui découvrir ma cachette... Je reviendrai. (*Il sort par la droite.*)

PIERROT

C'est ce misérable Fritouillard ! Évidemment le trésor est où je suis. (*Il se rassied.*)

SCÈNE XIII

PIERROT, SAUCIQUET, *entrant par la gauche.*

SAUCIQUET

Allons voir mon petit sac ! Je ne pourrais pas dormir sans ça. (*Il s'avance vers l'arbre de gauche.*)

PIERROT, *se levant.*

Qui va là ?

SAUCIQUET

Brrrr ! Le grand Pâlot ! Détalons ! (*Il sort par la gauche.*)

PIERROT

Sauciquet ! Voici bien mes trois coquins qui ont fait le coup ! Et le trésor est ici, j'en suis sûr ! Mais où ? (*Appelant au fond.*) Monsieur le marquis ! Monsieur le marquis !

SCÈNE XIV

PIERROT, LE MARQUIS

LE MARQUIS

Eh bien, tu as trouvé! J'en étais sûr! Tu préfères rendre l'argent plutôt que d'être pendu!

PIERROT

Non, mon bon maître! Non, je n'ai pas trouvé, mais je suis sur les traces! Écoutez-moi. Quand vous m'avez quitté, je m'étais assis désespéré sous cet arbre; (*Il désigne la droite.*) alors j'ai vu arriver, d'un air mystérieux, Poivrotin, votre maître d'hôtel, qui, à ma vue, s'est enfui.

LE MARQUIS

Il était donc coupable!

PIERROT

C'est ce que j'ai pensé! Je me suis assis ensuite sous cet autre arbre. (*Il désigne la gauche.*) Et successivement Fritouillard et Sauciquet sont venus non moins mystérieusement et se sont sauvés quand ils m'ont vu! D'où je conclus, puisqu'ils sont venus séparément, qu'ils se sont partagé le trésor et qu'ils l'ont caché à l'insu l'un de l'autre sous ces deux arbres.

LE MARQUIS

Bien raisonné. Et tu as cherché?

PIERROT

Non, mon bon maître, j'ai préféré vous en laisser la surprise.

LE MARQUIS

Eh bien, cherchons ! (*Ils cherchent sous l'arbre de gauche.*) Rien !

PIERROT, *déconfit.*

Rien ! Cependant Fritouillard et Sauciquet se dirigeaient de ce côté.

LE MARQUIS

Voyons de l'autre ! (*Ils fouillent sous l'arbre de droite.*)

PIERROT

Voici l'argent ! Tenez, trois sacs !

LE MARQUIS

C'est ma foi vrai ! — Ah ! je vois ce que c'est ! C'est Poivrotin qui aura pillé les deux autres !

PIERROT

Il en est bien capable !

LE MARQUIS

Oui ! Mais c'est une supposition. Rien ne me prouve que ce ne soit pas toi qui aies caché l'argent dans cet endroit.

PIERROT

Écoutez, mon bon maître ! Remportez votre trésor et mettez-le en sûreté ; puis revenez ici et cachez-vous. Vous allez voir vos trois voleurs qui vont revenir et alors vous ne douterez plus !

LE MARQUIS

C'est une idée ! Donne-moi les sacs ! (*Pierre donne les sacs au marquis.*) Et maintenant, partons ! (*Ils sortent.*)

SCÈNE XV

POIVROTIN, *entrant par la gauche, et* FRITOUILLARD *par la droite.*

POIVROTIN, *allant à l'arbre de droite.*

Volé ! C'est le grand Pâlot qui a fait le coup ! J'aurais dû m'en méfier ! Je n'aurais pas dû m'éloigner !

FRITOUILLARD, *allant à l'arbre de gauche.*

Volé ! C'est le grand Pâlot qui m'a joué ce tour-là ! Oh ! mais il me le payera ! (*Ils se détournent et se regardent.*)

POIVROTIN

Fritouillard ! Eh bien ?

FRITOUILLARD

Poivrotin ! Eh bien ?

POIVROTIN

Eh bien !... (*A part.*) Est-ce que ce serait lui ?

FRITOUILLARD, *à part.*

C'est peut-être Poivrotin ! (*Haut.*) Tu l'avais caché là ? (*Il montre la droite.*)

POIVROTIN, *montrant la gauche.*

Oui ! Et toi, là?...

FRITOUILLARD

Oui ! Et maintenant... Allons, avouons-le, nous sommes volés !

POIVROTIN

Hélas ! oui ! C'est le grand Pâlot...

FRITOUILLARD

Tu crois? Il est bien bête ! Ce serait plutôt Sauciquet !

POIVROTIN

Au fait, je n'y pensais pas ! Ce doit être lui ! Viens avec moi, nous allons le surprendre. Il aime tant l'argent qu'il n'aura pas voulu s'en séparer; il l'aura caché dans sa paillasse.

FRITOUILLARD

Allons ! (*Ils sortent.*)

SCÈNE XVI

SAUCIQUET, *entrant avec précaution.*

Mes jambes me démangent ! Il doit m'être arrivé un malheur ! Je tremble en m'approchant de ma cachette. (*Il va à gauche.*) Envolé ! J'en avais le pressentiment ! Plus de sac ! Plus d'argent ! Ruiné ! Serait-ce ce grand Pâlot de Pierrot? Non ! Il eût pris de la charcuterie ou de la pâtisserie, il est si gourmand! Mais, de l'argent? Il ne saurait qu'en faire! Non! Ce sont mes complices! C'est ce fourbe de Poivrotin ou ce brigand de Fritouillard! Ah! je vais les traiter de la bonne manière! (*Il sort.*)

SCÈNE XVII

LE MARQUIS, PIERROT

PIERROT

Eh bien, mon bon maître, êtes-vous fixé, maintenant?

LE MARQUIS

Oui, mon cher Pierrot, et je te rends mon estime. Je vais chasser ces serviteurs impudents et les livrer à la justice; quant à toi, je double tes gages et j'ajouterai un petit gâteau à tous tes repas. N'oublie jamais, Pierrot, que l'honnêteté est une vertu et que tôt ou tard la vertu trouve sa récompense.

PIERROT

C'est égal, si vous m'aviez pendu...

LE MARQUIS

Oh! tu étais tellement innocent, que la corde eût cassé!

RIDEAU

INDICATIONS

DÉCOR

Une forêt. — Gros arbres formant les coulisses de droite et de gauche.

COSTUMES

LE MARQUIS DE LA BOUSTIFAILLE, costume de marquis.
SAUCIQUET, costume de cuisinier.
POIVROTIN, type du concierge.
FRITOUILLARD, type de Guignol.
PIERROT, costume traditionnel.

ACCESSOIRES

Trois sacs en toile, chacun de la grosseur d'une poire.

OBSERVATIONS PARTICULIÈRES

Pour placer les sacs au pied des arbres — on disposera, derrière les coulisses de droite et de gauche, un petit plancher mobile, (ou une poche en cuir) sur lequel on les passera.

Pour jouer cette pièce seul, placement des personnages.

	MAIN GAUCHE	MAIN DROITE
Scène I.	Poivrotin.	
— II.	Fritouillard	Sauciquet.
— III.	. . . .	Poivrotin.
— IV.	. . . .	Fritouillard.
— V.	Poivrotin	
— VI.	Poivrotin	Sauciquet.
— VII.	. . . .	Sauciquet.
— VIII.	Poivrotin	
— IX.	Le Marquis	Pierrot.
— X.	. . . .	id.
— XI.	Poivrotin	id.
— XII.	Fritouillard.	id.
— XIII.	Sauciquet.	id.
— XIV.	Le Marquis.	id.
— XV.	Poivrotin.	Fritouillard.
— XVI.	. . . .	Sauciquet.
— XVII.	Le Marquis	Pierrot.

TABLE

Emile Colin. — Imprimerie de Lagny.

www.ingramcontent.com/pod-product-compliance
Ingram Content Group UK Ltd.
Pitfield, Milton Keynes, MK11 3LW, UK
UKHW031911260826
14628UKWH00003B/1122

9 782019 133214